A

eu ainda tão
mal conheço
e que poderia
me escreve por
ver material

SÉRIE
MIL & UM TERMOS
DANILO NOGUEIRA

Danilo

Mil e Um Termos
Vocabulário para Balanços e Relatórios Anuais
português/inglês
1ª edição - 2000

© Danilo Nogueira

Coordenação Editorial	Susanna Florissi
Revisão do inglês	Danilo Nogueira
Revisão do português	Diva Cleide Calles
Projeto Gráfico/Editoração	Cia. de Desenho
Fotolito Digital	Fast Film
Impressão	Yangraf

SBS - SPECIAL BOOK SERVICES
Avenida Casa Verde, 463 - Casa Verde
02519-000 - São Paulo - SP
Tel. 55-11-6977-1221
Fax: 55-11-6977-1384
Free Phone: 0800-121777
Freefax: 0800-160707
e-mail: sbs@sbs.com.br
home-page: www.sbs.com.br

Dados Internacionais de Catalogação na Publicação (CIP)
(Câmara Brasileira do Livro, SP, Brasil)

Nogueira, Danilo
    Mil e um termos : português / inglês / Danilo
Nogueira. -- São Paulo : Special Book Services Livraria, 2000.

    1. Balanço financeiro – Glossários, vocabulários
etc. 2. português – Glossários, vocabulá-rios etc. – Inglês
3. Relatórios empresariais – Glossários, vocabulários etc.
I. Título.

00-2090   CDD-658.151203

Índices para catálogo sistemático:

1. Balanços : Vocabulários português-inglês :
        Administração de empresas   658.151203
2. Relatórios anuais : Vocabulários
        português-inglês : Administração de empresas
        658.151203

VOCABULÁRIO para
BALANÇOS e RELATÓRIOS ANUAIS
português/inglês

Danilo Nogueira é tradutor profissional, especializado em contabilidade, finanças, tributação e direito societário. Profissional extremamente ativo, além de atender firmas de auditoria, bancos e escritórios de advocacia no Brasil e no exterior, ainda participa de listas de tradução na Internet, ministra cursos, faz conferências e escreve numerosos artigos, muitos dos quais podem ser lidos no *Translation Journal* (www.accurapid.com/journal).

Pioneiro no uso do computador entre os tradutores brasileiros, Danilo Nogueira tem assessorado empresas de tradução na implantação de sistemas de memória de tradução.

Seu e-mail é
danilo.tradutor@uol.com.br

APRESENTAÇÃO

Balanços e Relatórios Anuais é o primeiro volume de uma série pioneira, **Mil *&* Um Termos**, publicada pela **Editora SBS**. Produto de uma experiência de mais de trinta anos em tradução técnica, **Balanços e Relatórios Anuais** visa mostrar ao usuário o termo correto, a forma mais precisa, exata e idiomática de expressar, em língua inglesa, os conceitos da contabilidade brasileira.

Deste modo, a série **Mil *&* Um Termos** inclui até mesmo coloquialismos considerados pouco apropriados por teóricos e puristas, mas comuns na prática: termos que o tradutor vai encontrar no seu trabalho e vai precisar traduzir apropriadamente.

As traduções foram pinçadas de textos originais em inglês, escritos por nativos, sempre que possível. Não existem traduções realmente satisfatórias para certos conceitos típicos da realidade brasileira e, nestes casos, o autor procurou uma solução aproximada, afastando-se dos "erros consagrados".

Símbolos e Abreviaturas

 exemplo

 comentário

||||▶ vide

adj.	adjetivo
adj.p.	adjetivo plural
s.d.	substantivo (ambos os gêneros)
s.f.	substantivo feminino
s.f.p.	substantivo feminino plural
s.m.	substantivo masculino
s.m.p.	substantivo masculino plural
v.	verbo

Fontes

A principal fonte para este dicionário é a base de dados do próprio autor. Esses dados foram cotejados com a Lei das Sociedades por Ações, com relatórios anuais publicados na imprensa e com a literatura sobre a matéria, principalmente com:

FIPECAFI. Manual de Contabilidade das Sociedades por Ações, várias edições, São Paulo, Atlas.

WALTER, Milton Augusto e BRAGA, Hugo Rocha. Normas Contábeis e Demonstrações Financeiras, várias edições, São Paulo, Atlas.

Do lado americano, além de relatórios anuais publicados:

AICPA. Accounting Trends and Techniques. Várias Edições. Nova York.

A ortografia da parte em português é a oficial (Lei 2326/55, emendada pela lei 5765/71).

A ortografia da parte em inglês é do Webster's Ninth New Collegiate Dictionary, publicado pela Merriam Webster Inc. (1983) e sua edição em CD-ROM.

A

abater (v.) abate
- **abater do imposto** abate from the tax liability
- **abater do preço** abate from the price | rebate

abatimento (s.m.) abatement | rebate
- **abatimento de preço** abatement | rebate
- **abatimento do imposto** abatement from the tax

abono (s.m.) bonus
- **abono de Natal** Christmas bonus

abrir (v.) open
- **abrir o capital** go public

absorver (v.) absorb
- **absorver a maior** overabsorb
- **absorver a menor** underabsorb

ação (s.f.) share | share of stock | action | lawsuit

 Share é countable, stock é uncountable.
Na maioria dos casos, *stocks* significa *ações de várias empresas.* Por isso, na maioria dos casos, *stock* deve ser usado como o coletivo de *share,* correspondendo ao plural português *ações.*

 (1) *Ele tem ações da X. = He owns X stock. | He owns shares in X.*
(2) *As ações caíram. = Share prices are down. | Stocks are down.*
(3) *100.000 ações = 100,000 shares | 100,000 shares of stock.*
(4) *Um milhão de ações ordinárias da X. = A million shares in the common stock of X. | A million common shares of X.*

- **ação (própria) em tesouraria** treasury share | treasury stock
- **ação ao portador** bearer share | bearer stock

- **ação bonificada** bonus share | bonus stock
- **ação classe "A"** class "A" share

 Mil ações preferenciais classe "A". = One thousand class "A" preferred shares. | One thousand shares of class "A" preferred stock.

- **ação com direito a voto** voting stock | voting shares
- **ação com valor nominal** par-value share
- **ação cotada em bolsa** listed share
- **ação em circulação** outstanding share
- **ação em tesouraria** treasury share | treasury stock
- **ação escritural** share without certificates

 Esse é o termo usado no *Revised Model Business Corporation Act.*

- **ação judicial** lawsuit
- **ação não cotada em bolsa** unlisted share
- **ação nominativa** nominative share | nominative stock
- **ação ordinária** common share | common stock
- **ação preferencial** preferred share | preferred stock
- **ação sem direito a voto** non-voting stock | non-voting shares
- **ação sem valor nominal** no par-value share

acessório (s.m.) accessory
- **acessório (adj.)** accessory

acionista (s.d.) shareholder | stockholder
- **acionista com direito a voto** voting shareholder | voting stockholder
- **acionista controlador** controlling shareholder | controlling stockholder

- **acionista majoritário** majority shareholder | majority stockholder
- **acionista minoritário** minority shareholder | minority stockholder
- **acionista não votante** non-voting shareholder | non-voting stockholder
- **acionista sem direito a voto** non-voting shareholder | non-voting stockholder

acumular (v.) accumulate
- **acumular custos** accumulate costs
- **acumular prejuízos** accumulate losses

adiantamento (s.m.) advance
- **adiantamento a terceiros** advance granted
- **adiantamento de terceiros** advance received
- **adiantamento para inversões fixas** advance on fixed asset purchases
- **adiantamentos a fornecedores** supplier advances
- **adiantamentos a funcionários** employee advances
- **adiantamentos de clientes** customer advances

 Em inglês, usa-se *client* muito menos do que *cliente* em português. No Brasil de hoje, *freguês* está em desaparecimento.

- **adiantamentos para despesas** advances for (business) expenses

adiantar (v.) advance

adição (s.f.) addition
- **adição ao lucro líquido** non-deductible expenditures | addition to net income
- **adição permanente** permanent addition

adicionar (v.) add
- **adicionar ao lucro líquido** add back to net income

administração (s.f.) administration

administrador (s.m.) administrator

administrativo (adj.) administrative

ágio (s.m.) premium | excess over official prices | excess over controlled prices
- **[com] ágio** at a premium | above official prices | above controlled prices
- **ágio na emissão de ações** share premium
- **ágio na emissão de debêntures** debenture premium

ajustar (v.) adjust
- **ajustar contabilmente** adjust in the books | adjust on books
- **ajustar extracontabilmente** adjust off books

 Extracontabilmente não significa ilegalmente. Significa um lançamento que não é exigido por lei e, por isso, é feito fora dos livros oficiais.

ajuste (s.m.) adjustment
- **ajuste contábil** on-books adjustment
- **ajuste de nível de preços** price-level adjustment
- **ajuste especial** especial adjustment
- **ajuste extracontábil** off-books adjustment

 Extracontábil não significa ilegal. Significa um lançamento que não é exigido por lei e, por isso, é feito fora dos livros oficiais.
- **ajustes de exercícios anteriores** prior-year adjustments

alavancagem (s.f.) leverage

alavancar (v.) leverage

alienação (s.f.) sale | divestment | disposal

alienar (v.) sell | dispose of | divest of

alíquota (s.f.) tax rate

almoxarifado (s.m.) stores
• **almoxarifado para inversões fixas** stores for fixed asset construction work

almoxarife (s.m.) storekeeper

alugar (v.) rent | let
• **alugar alguma coisa a alguém** rent something to someone | let something to someone
• **alugar alguma coisa de alguém** rent something from someone

aluguel (s.m.) rent | lease payment | rental

amortização (s.m.) amortization | repayment
• **amortização de ações** share amortization
• **amortização de ativo** asset amortization
• **amortização de um empréstimo** repayment of the principal of a loan

amortizado (adj.) amortized | repaid

amortizar (v.) amortize | repay
• **amortizar o ágio** amortize the premium
• **amortizar um ativo** amortize an asset
• **amortizar um empréstimo** repay the principal of a loan

andamento (s.m.) progress
• **em andamento** in progress

antecipação (s.m.) advance | advance payment

antecipado (adj.) advance

aplicação (s.f.) investment | application | use

 Dinheiro investido numa conta de mercado aberto é *investment,* não *application.*
• **aplicação a longo prazo** long-term temporary investment
• **aplicação de fundos** use of funds | application of funds
• **aplicação de liquidez imediata** cash investment
• **aplicação de recursos** use of funds
• **aplicação temporária de caixa** cash investment

 No Brasil, distingue-se entre *aplicações* e *investimentos.* Ambos se traduzem por *investments.* Para especificar que se trata de um investimento de liquidez imediata, diz-se *cash investment.*
• **aplicação incentivada** tax incentive investment

aplicar (v.) invest
• **aplicar correção monetária** apply indexation

aportar (v.) supply
• **aportar recursos** supply funds

aporte (s.m.) supply
• **aporte de recursos por** funds supplied by

apresentação (s.f.) presentation
• **apresentação das demonstrações contábeis** financial statement presentation
• **apresentação das demonstrações financeiras** financial statement presentation
• **apresentação no balanço** balance-sheet presentation

apresentado (adj.) shown | stated | presented
• **apresentado a maior** overstated
• **apresentado a menor** understated

apresentar (v.) present | show
- **apresentar a maior** overstate
- **apresentar a menor** understate

apropriação (s.f.) appropriation | allocation
- **apropriação de custos** cost allocation
- **apropriação de despesas** expense allocation
- **apropriação de lucros** appropriation from income

apropriar (v.) appropriate
- **apropriar custos** allocate costs
- **apropriar despesas** allocate expenses
- **apropriar lucros** appropriate income

apuração (s.f.) computation | determination
- **apuração de lucro** income determination
- **apuração de resultado** income determination | income computation

apurar (v.) compute | make | suffer
- **apurar custos** compute costs
- **apuração de custos** cost computation | cost determination
- **apurar lucro** make a profit

 Literalmente, seria o ato de computar o lucro, mas a expressão é sempre usada como sinônimo de *ter lucro*.

- **apurar o resultado** determine income | compute income
- **apurar prejuízo** suffer a loss

 Literalmente, seria o ato de computar prejuízo, mas a expressão é sempre usada como sinônimo de *sofrer prejuízo*.

arrecadação (s.f.) collections | collecting

 Collections é o produto da arrecadação. *Collecting* é o ato de arrecadar.

arrecadar (v.) collect
- **arrecadar impostos** collect taxes
- **arrecadar tributos** collect taxes

arrendador (s.m.) lessor

arrendar (v.) lease
- **arrendar a** lease to
- **arrendar de** lease from

arrendatário (s.m.) lessee

artigo (s.m.) article

assembléia (s.f.) meeting
- **assembléia geral (dos acionistas)** shareholders' meeting
- **assembléia geral extraordinária (dos acionistas)** special shareholders' meeting

associado (s.m.) associate

atacadista (s.m.) wholesale
- **atacadista** wholesaler | wholesale merchant

atacado (s.m.) wholesale

ativar (v.) treat as an asset | capitalize

 Debitar ao ativo, por oposição a ➠ *debitar ao resultado.*

ativo (s.m.) assets
- **ativo circulante** current assets

 Na maioria dos balanços brasileiros, aparece somente *circulante*. Não traduza meramente como *current*. Num balanço, a posição do *circulante* mostra quando se refere a um ativo ou a um passivo. Num texto corrido, nem sempre é muito fácil para o tradutor saber se o *circulante* se refere a um ativo ou a um passivo. Nesse caso, se você não conseguir se informar com um contador, use *as current, as a current item,* ou *cur-*

rent portion, para evitar o *current* usado como substantivo. ➡ *passivo circulante*

• **ativo diferido** deferred charges | deferred assets

• **ativo disponível** cash

 O *ativo disponível* e o *ativo realizável a curto prazo* foram fundidos no *ativo circulante* pela lei 6404/76.

• **ativo financeiro** financial asset

• **ativo imobilizado** property, plant and equipment | premises and equipment

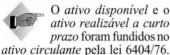 *Property, plant and equipment* se usa para empresas industriais. Para os outros tipos de organização, que não têm *instalações industriais [plant],* usa-se *premises and equipment.* Os bancos podem usar *banking premises and equipment.* O *ativo imobilizado* é o que coloquialmente se chama *ativo fixo [fixed assets].* Não confundir com ➡ *ativo permanente.* O *imobilizado* é uma parte do *permanente.*

• **ativo insubsistente** non-existent asset

• **ativo pendente** prepaid expenses and deferred charges

 Conta abolida pela lei das S.A.

• **ativo permanente** "permanent assets"

 Termo muito difícil de traduzir, porque muito ligado à realidade brasileira. Significa os ativos sujeitos a *correção monetária [indexation]* de acordo com a Lei das S.A. O autor prefere uma tradução literal entre aspas. ➡ *ativo imobilizado*

 O *ativo permanente* inclui ➡ *investimentos permanentes [permanent investments],* ➡ *ativo imobilizado [property, plant and equipment]* e ➡ *ativo diferido [deferred charges].*

• **ativo realizável** receivables

 O *ativo disponível* e o *ativo realizável a curto prazo* foram fundidos no *ativo circulante* pela lei 6404/76.

atraso (s.m.) delay | arrears

• **[em] atraso** in arrears

atualizar (v.) adjust for inflation | apply indexation | recognize income or losses

 Atualizar aqui significa mudar o valor de um saldo de conta. Geralmente, se refere a direitos ou obrigações denominadas em moeda estrangeira, mas que são apresentadas em moeda nacional no balanço. Então, quando a taxa de câmbio cai, o saldo aumenta. Por exemplo, se a empresa deve US$ 1,000 e o câmbio está a US$ 1 = R$ 1, a obrigação aparece no passivo como R$ 1.000. Porém, se a taxa mudar para US$ 1 = R$ 2, a obrigação deve ser *atualizada [adjusted for exchange losses]* para R$ 2.000.

auditor (s.m.) auditor

• **auditor externo** external auditor

• **auditor-fiscal** tax auditor

• **auditor independente** independent auditor

• **auditor interno** internal auditor

auditoria (s.f.) audit | auditing

 (1) *Durante a auditoria, notamos que:* = *During the audit we noted that:* (2) *Auditoria é matéria do sexto semestre.* = *Auditing is a subject in the sixth semester.*

• **auditoria externa** external audit
• **auditoria independente** independent audit
• **auditoria interna** internal audit

auferido (adj.) earned
• **[não-] auferido** (adj.) unearned

auferir (v.) earn
• **auferir juros** earn interest
• **auferir receita** earn income

aumentar (v.) increase
• **aumentar capital** increase capital

aumento (s.m.) increase
• **aumento de capital** capital increase
• **aumento (redução) no capital circulante líquido** increase (decrease) in working capital
• **aumento no passivo exigível a longo prazo** increase in long-term liabilities

autuar (v.) serve a notice

auto (s.m.) report | act | notice
• **auto de infração** notice of violation
• **auto de infração e imposição de multa** notice of violation and fine

autofinanciamento (s.m.) own resources

autoridade (s.f.) authority
• **autoridade competente** authority with jurisdiction

aval (s.m.) cosignature

avaliação (s.f.) evaluation | appraisal

avaliador (s.m.) appraiser

avaliar (v.) value | evaluate | appraise
• **avaliar ao custo** value at cost
• **avaliar ao menor entre custo e mercado** value at the lower of cost or market
• **avaliar ao mercado** value at market | show at market

avalista (s.m.) cosigner

avalizar (v.) cosign

aviso (s.m.) notice
• **aviso prévio** advance notice | termination notice

 Num contexto contábil, geralmente significa o aviso que a empresa é obrigada a dar ao funcionário de que ele será demitido.

azienda (s.f.) entity

 Forma antiquada de ⟹ *entidade.*

B

baixa (s.f.) credit | write-off | retirement ⇒ *baixar*

baixar (v.) credit | write off | retire

 Expressão difícil e enganosa. *Write off* deve ser restrito a *baixa de incobráveis*. *Baixar* é um termo mais amplo, que significa *creditar uma conta de ativo*.

• **baixar do ativo** retire an asset
• **baixar um incobrável** write off an uncollectible

balancete (s.m.) trial balance
• **balancete ajustado** adjusted trial balance
• **balancete de verificação** trial balance

balanço (s.m.) balance sheet | statement of financial position

 Nome coloquial do ⇒ *balanço patrimonial*. Em português e em inglês, os termos tanto significam *ativo e passivo [assets and liabilities]* como *o conjunto completo das demonstrações [the full set of financial statements]*. *Statement of financial position* é raro, aparecendo quase que só no setor bancário.

• **balanço de abertura** opening balance sheet
• **balanço geral** balance sheet

 Nome antigo do ⇒ *balanço patrimonial*.

• **balanço para publicação** statutory balance sheet | statutory financial statements
• **balanço patrimonial** balance sheet

bancário (s.m.) bank employee
• **bancário (adj.)** bank | banking

base (s.f.) basis
• **base de avaliação** carrying basis
• **base de cálculo do imposto** tax basis
• **base de custo** cost basis

bem (s.m.) assets ⇒ *bens*
• **bem de consumo durável** consumer durable
• **bem do ativo** asset
• **bem do imobilizado** fixed asset | capital asset
• **bem durável** durable
• **bem fungível** fungible asset
• **bem imóvel** real property | real estate
• **bem inativo** inactive asset
• **bem intangível** intangible asset
• **bem tangível** tangible asset
• **bem móvel** movable property | personal property

 Personal property é um termo perigoso, porque inclui os direitos do locatário sobre propriedades arrendadas, embora este não seja um sentido comum.

beneficiamento (s.m.) processing

beneficiar (v.) process

benfeitoria (s.f.) improvement
• **benfeitoria em propriedades arrendadas** leasehold improvement
• **benfeitoria em propriedades de terceiros** leasehold improvement '

bens (s.m.p.) ⇒ *bem*
• **bens em operação** property, plant and equipment in use | premises and equipment in use | fixed assets in use
• **bens em uso na fase de implantação** property, plant and equipment in use during the preoperating stage | premises and equipment in use during the preoperating stage | fixed assets in use during the preoperating stage

- **bens numerários** cash
- **bens semoventes** livestock

bolsa (s.f.) exchange
- **bolsa de futuros** futures exchange
- **bolsa de valores** stock exchange
- **bolsa mercantil** commodities exchange
- **bolsa mercantil e de futuros** futures and commodities exchange

bonificação (s.f.) share dividend | stock dividend | bonus
- **bonificação aos acionistas** share dividend | stock dividend
- **bonificação aos funcionários** bonus
- **bonificação em ações** share dividend | stock dividend

A rigor, um pleonasmo: bonificação ao acionista é sempre em ações.

- **bonificação por volume** volume bonus

bônus (s.m.) bond | bonus

(1) *A empresa comprou bônus do tesouro.* = *The company bought treasury bonds.* (2) *Pagamos um bônus pela produção.* = *We paid a production bonus.*

- **bônus de subscrição** subscription bonus
- **bônus do Tesouro** Treasury bond

C

caixa (s.f.) cash | cash on hand
- **caixa dois** second cash book | unrecorded transactions
- **caixa e bancos** cash | cash on hand
- **caixa pequeno** petty cash

 Pequena quantidade de dinheiro mantida numa empresa para fazer face a despesas de pequeno valor. A forma mais correta é com o adjetivo no masculino, embora *caixa pequena* também apareça. Não é o mesmo que ⟶ *fundo fixo.*

calcular (v.) compute
- **calcular por dentro** gross up

câmbio (s.m.) (foreign) exchange

capacidade (s.f.) capacity
- **capacidade instalada** installed capacity
- **capacidade ociosa** idle capacity
- **capacidade operacional** operating capacity
- **capacidade produtiva** productive capacity
- **capacidade total** full capacity

 Muitas vezes, usa-se somente capacity: *A fábrica está operando à capacidade total. = The plant is operating at full capacity.*

capital (s.m.) capital
- **capital a realizar** unpaid capital | unpaid portion (of subscribed capital)

 Unpaid portion usa-se nos casos onde obviamente se trata de capital.

- **capital autorizado** authorized capital
- **capital circulante** working capital

- **capital com direito a voto** voting stock
- **capital de controladas** capital stock of controlled companies
- **capital de giro** working capital
- **capital de giro negativo** negative working capital
- **capital de risco** venture capital
- **capital em circulação** outstanding capital
- **capital não-votante** non-voting stock
- **capital realizado** paid-in capital

 Realizado significa que os acionistas já pagaram as ações.

- **capital sem direito a voto** non-voting stock
- **capital social** capital stock
- **capital votante** voting stock

capitalizar (v.) capitalize | charge to fixed assets.

 O oposto de ⟶ *debitar ao resultado.*

capitalizável (adj.) for capitalization

caput (s.m.) main body

 Em inglês, sempre uma observação estranha, porque a norma nos países anglo-saxões é numerar todos os itens e fazer a referência sempre com base nos números.

carteira (s.f.) book | portfolio
- **carteira de investimentos** investment portfolio
- **carteira de pedidos** order book
- **[em] carteira** held for collection

 Significa que a empresa não entregou o título a um banco para cobrança.

cedente (s.m.) assignor
- **cedente de um crédito** assignor of a credit

ceder (v.) assign
• **ceder um crédito** assign a credit

certificado (s.m.) certificate
• **certificado de ação** share certificate
• **certificado de aplicação** investment certificate
• **certificado de depósito bancário** certificate of deposit

cessão (s.f.) assignment
• **cessão de um crédito** assignment of a credit

cessionário (s.m.) assignee
• **cessionário de um crédito** assignee of a credit

cheque (s.m.) check
• **cheque administrativo** cashier's check | management check
• **cheque em cobrança** outstanding check | undeposited check

 Cheques que a empresa recebeu e ainda não podem ser compensados. Muitas vezes, trata-se de ➠ *cheques pré-datados,* muito usados no Brasil em substituição a notas promissórias, embora, a rigor, todo cheque seja uma ordem de pagamento à vista.
• **cheque pré-datado** future-dated check | antedated check

 O *cheque pré-datado,* também chamado *cheque inglês* não é comum nos Estados Unidos e, por isso, a terminologia não é muito estável. Um grande banco americano se refere a eles como *future-dated checks,* o que pelo menos não induz a erro de interpretação.

cindir (v.) split
• **cindir parcialmente** split off
• **cindir totalmente** split up

circulação (s.f.) circulation | movement

• **[em] circulação** outstanding

circulante (adj.) current

 Circulante é um adjetivo muitas vezes substantivado em português: *...valor demonstrado no circulante.* Nesse caso, traduzir como *amount shown as a current item.* No balanço patrimonial, também aparece substantivado. Nesse caso, veja de que lado do balanço está. Se estiver do lado do *ativo,* traduza como *current assets.* Se estiver do lado do *passivo,* traduza como *currrent liabilities.* ➠ *ativo circulante* ➠ *passivo circulante*

cisão (s.f.) split
• **cisão parcial** split-off
• **cisão total** split-up

classificação (s.f.) classification
• **classificação contábil** accounting classification
• **classificação de contas** account classification

classificar (v.) classify
• **classificar contas** classify accounts

clientes (s.m. p.) trade receivables | trade accounts receivable | customers

 Forma truncada de ➠ *contas a receber de clientes.*
• **clientes em mora** trade receivables in arrears | trade accounts receivable in arrears | customers in arrears | trade receivables overdue

 Forma truncada de ➠ *contas a receber de clientes em mora.*

cobertura (s.f.) cover
• **cobertura de câmbio** foreign exchange cover

C

- **cobertura de seguros** insurance cover

cobrar (v) collect | charge | demand payment | press for
- **cobrar ágio** charge a premium | charge more than the controlled price
- **cobrar alguma coisa de alguém** press someone for the payment of something
- **cobrar comissão** charge a comission
- **cobrar uma dívida** press for payment of a debt | dun
- **cobrar uma entrega** press for delivery

COFINS COFINS (contribution tax) ⤳ *Contribuição para o Financiamento da Seguridade Social*

coligada (s.f.) associated company

 Forma truncada de ⤳ *sociedade coligada.*

colocação (s.f.) placement
- **colocação privada** private placement

colocar (v.) place | float

combinação (s.f.) combination
- **combinação de empresas** business combination

comercial (adj.) commercial | trade | business

 O direito anglo-saxão não reconhece a diferença entre *comercial* e *não-comercial.*

comerciante (s.m.) merchant | trader ⤳ comentário em *comercial*

comércio (s.m.) commerce | trade
- **comércio internacional** international commerce | international trade
- **comércio interno** domestic trade
- **comércio local** local trade

comissão (s.f.) commission | committee
- **Comissão de Valores Mobiliários** Brazilian Securities and Exchange Commission

 A Comissão de Valores Mobiliários é calcada na *Securities and Exchange Commission* americana. *Exchange* aqui, significa *bolsa de valores,* não *câmbio.*

- **comissão sobre vendas** sales commission

companhia (s.f.) (business) corporation | company

 Company é o termo mais genérico para qualquer tipo de negócio em inglês. *Companhia é* informalmente usado como sinônimo de ⤳ *empresa.*

- **companhia aberta** publicly-held corporation
- **companhia de capital aberto** publicly-held corporation
- **companhia de capital fechado** closely-held corporation

comparativo (adj.) comparative

compensação (s.f.) compensation | clearing | deduction
- **compensação de cheque** check clearance
- **compensação de tributos** deduction of taxes
- **compensação contra outra conta** deduction against another account | offsetting against another account
- **compensação de prejuízos fiscais (contra lucros de exercícios subseqüentes)** loss carryover | loss carryforward
- **compensação de prejuízos fiscais** deduction of tax losses | tax loss carryover | tax loss carryforward

compensar (v.) compensate | clear | offset
- **compensar contra outra conta** offset against another account
- **compensar prejuízos fiscais** deduct tax losses | carry tax losses over | carry tax losses forward
- **compensar um cheque** clear a check

componente (s.m.) component
- **componente do custo** cost component

compra (s.m.) purchase

comprado (adj.) bought | purchased | long

comprador (s.m.) buyer

comprar (v.) buy | purchase

conceder (v.) grant
- **conceder um desconto** grant a discount
- **conceder um empréstimo** grant a loan

conciliação (s.f.) reconciliation

conciliar (v.) reconcile

concordata (s.f.) court-supervised agreement with creditors
- **concordata preventiva** court-supervised agreement with creditors to prevent bankruptcy
- **concordata suspensiva** court-supervised agreement with creditors to quash bankruptcy adjudication

concordatário (adj.) company under a court-supervised agreement with creditors

condições de vendas (s.f.p.) terms of sale

conselho (s.m.) Council
- **Conselho de Administração** Board of Directors
- **Conselho Fiscal** statutory audit committee

Instituição tipicamente brasileira. A tradução é aproximada.

consistência (s.f.) consistency

Considerado anglicismo e está desaparecendo, mas ainda é comum, principalmente em linguagem coloquial. Formalmente ⟹ *uniformidade.*

consolidação (s.f.) consolidation | consolidated financial statements

(1) *A consolidação demorou uma semana. = Consolidation work took one week.* (2) *A consolidação saiu com um erro. = The published consolidated financial statements contained an error.*

consolidado (adj.) consolidated

Muitas vezes, forma truncada de ⟹ *saldo(s) consolidado(s).*

consolidar (v.) consolidate

constituir (v.) book | organize
- **constituir uma empresa** organize a company
- **constituir uma provisão** book a provision
- **constituir uma reserva** book a reserve

construção (s.f.) building
- **construção em andamento** building work in progress

conta (s.f.) account
- **conta a pagar** account payable | payable
- **conta a pagar a fornecedores** trade payable
- **conta a receber** account receivable | receivable
- **conta a receber de clientes** trade receivable

- **conta a receber de clientes em mora** trade receivable in arrears | trade accounts receivable in arrears | trade receivable overdue
- **[outras] contas a receber** other accounts receivable
- **[por] conta de** for the accounts of
- **conta analítica** controlled account
- **conta bancária com saldo a favor do banco** bank account showing a credit balance
- **conta bancária negativa** bank account showing a credit balance
- **conta CC5** non-resident bank-account
- **conta controlada** controlled account

 Considerado anglicismo para ⟶ *conta analítica.*

- **conta controladora** controlling account

 Considerado anglicismo para ⟶ *conta sintética.*

- **conta credora** credit account
- **conta de balanço** balance-sheet account
- **conta de compensação** offsetting account | suspense account

 Conta abolida pela lei das S.A.

- **conta de controle** controlling account ⟶ comentário em *conta controladora*
- **conta de livre movimentação** demand deposit
- **conta de posição** balance-sheet account
- **conta de resultado** income (statement) account
- **conta de retificação** subtraction account
- **conta de retificação de ativo** contra-asset | deduction from an asset account
- **conta devedora** debit account

- **conta dinâmica** income (statement) account
- **conta estática** balance-sheet account
- **conta retificadora do ativo** contra-asset
- **conta sintética** controlling account
- **conta vinculada** restricted (bank) account

contábil (adj.) book | accounting

contabilista (s.m.) accountant and/or bookkeeper

 Termo cunhado para incluir ⟶ *contadores* e ⟶ *técnicos em contabilidade.*

contabilizado (adj.) recorded | booked
- **[não-] contabilizado** unrecorded | not booked

contabilizar (v.) record | book
- **contabilizar a maior** overstate
- **contabilizar a menor** understate
- **contabilizar pelo bruto** book at the gross amount
- **contabilizar pelo líquido** book at the net amount

contador (s.m.) accountant | bookkeeper

 Legalmente, somente se aplica aos formados por curso superior de ciências contábeis. ⟶ *contabilista.* Coloquialmente, pode ser aplicado a todos os contabilistas. Quando se refere aos profissionais que cuidam da escrituração de uma empresa, a tradução mais apropriada pode ser *bookkeeper.*

contingência (s.f.) contingency

contrapartida (s.f.) contra | contra account

contrapor (v.) match

- **contrapor receita e despesa** match income and expense

contraposição (s.f.) matching
- **contraposição de receitas e despesas** matching of income and expense

contrato (s.m.) contract | agreement
- **contrato a longo prazo** long-term agreement.
- **contrato de câmbio** foreign exchange contract
- **contrato de câmbio a termo** forward exchange contract
- **contrato de futuros** futures contract
- **contrato de mútuo** loan agreement
- **contrato oneroso** unprofitable contract
- **contrato social** articles of association | partnership agreement | articles of organization

 Use *articles of association* ou *partnership agreement* para sociedades em nome coletivo ou em comandita. Use *articles of organization* para as Limitadas. Não caia no erro comum de traduzir por *bylaws,* porque este é o "regimento interno" da empresa, que no Brasil não é um documento separado, mas pode ser em outros países. Nem caia no erro de traduzir por *social contract* – que se refere ao "contrato social" de Jean Jacques Rousseau.

contribuição (s.f.) contribution | contribution tax

 Contribution dá a muitos leitores a impressão de se aplicar somente a contribuições voluntárias. Por isso, quando se trata de contribuição como forma de tributo, pode ser útil falar em *contribution tax*. ➡ *tributo*

- **Contribuição para o Financiamento da Seguridade Social** COFINS (Contribution Tax)
- **contribuição para o lucro** contribution to profits
- **contribuição providenciária** social security charge
- **Contribuição Social (sobre o Lucro Líquido)** Social Contribution (Tax) (on Net Income)

contribuinte (s.m.) taxpayer
- **contribuinte pessoa física** individual taxpayer
- **contribuinte pessoa jurídica** corporate taxpayer

contribuir (v.) contribute
- **contribuir capital** contribute capital

controlada (adj.) controlled company

 Forma truncada de ➡ *sociedade controlada.*

- **controladas e associadas** associated and controlled companies

controladora (s.f.) controlling company

 Forma truncada de ➡ *sociedade controladora.*

controle (s.m.) control
- **controle acionário** controlling interest
- **controle contábil** accounting control
- **controle de estoques** inventory control
- **controle de materiais** materials control
- **controle de qualidade** quality control
- **controle gerencial** managerial control

conversão (s.f.) conversion

C

- **conversão de moeda estrangeira** foreign currency conversion

 Conversão em moeda estrangeira, estritamente falando, *é* o processo de trocar a moeda de um país pela moeda de outro. Muitas vezes usado onde o certo seria ➠ *tradução*. *Demonstrações financeiras não são convertidas, são traduzidas = Financial statements are not converted, but translated.*

conversível (adj.) convertible
- **conversível em ações** convertible into shares

converter (v.) convert
- **converter em ações** convert into shares

corporação (s.f.) corporation

 Considerado anglicismo. ➠ *sociedade*

corporativo (adj.) corporate

 Considerado anglicismo. ➠ *societário*

correção (s.f.) indexation | restatement | inflation adjustment

 Forma truncada de ➠ *correção monetária.* ➠ *corrigir*
- **correção monetária** indexation | restatement | inflation adjustment
- **correção monetária integral** full indexation | full restatement | full inflation adjustment
- **correção monetária pós-fixada** indexation | restatement | inflation adjustment at published rates

 Isto significa que a correção monetária é calculada de acordo com taxas publicadas.

- **correção monetária pré-fixada** indexation | restatement | inflation adjustment at agreed rates

 Isto significa que, em vez de basear a ➠ *correção monetária* num dos índices publicados, as partes concordam, antecipadamente, com uma taxa fixa de correção.

correlação (s.f.) matching
- **correlação de receita e despesa** matching of income and expense

correlacionar (v.) match
- **correlacionar receita e despesa** match income and expense

corretagem (s.f.) brokering | brokerage fee

corretor (s.m.) broker
- **corretor da bolsa** stock exchange broker
- **corretor de valores** stockbroker

corretora (s.f.) brokerage firm
- **corretora de valores** stock brokerage firm

corrigir (v.) apply indexation, restate for inflation

 Corrigir *[to apply inflation accounting procedures, to adjust for inflation]* significa aplicar *correção monetária [indexation].* Correção monetária, por sua vez, é uma forma truncada de: correção da expressão monetária, significando que o modo como se exprime um item em termos monetários deixou de ser apropriado por causa da inflação. Não traduza por *correct.*

cotação (s.m.) quotation | quote

 Quotation é mais formal.

C

- **cotação de preço** (price) quote
- **cotação em bolsa** listing
- **cotação honorários** fee quotation

cotar (v.) quote | list
- **cotar na bolsa** list
- **cotar um preço** quote a price

creditar (v.) credit
- **creditar ao resultado (do exercício)** credit to income (for the year)

crédito (s.m.) credit
- **crédito de correção monetária** indexation credit
- **[outros] créditos** non-trade receivables | other credits
- **créditos de acionistas** receivable from shareholders
- **créditos e valores** receivables

credor (s.m.) creditor
- **credor** (adj.) creditor | show a credit balance

 (1) *Estamos contatando os credores e pedindo mais prazo.* = *We are contacting our creditors for an extension.* **(2)** *Sua conta está com saldo credor.* = *Your account shows a credit balance.*
- **credor garantido** secured creditor
- **credor quirografário** unsecured creditor
- **credores por financiamento** supplier financing

critério (s.m.) criterion
- **critério de avaliação** valuation criterion

CSSL Social contribution (tax) (on net income) ➠ *Contribuição social sobre o lucro líquido*

cumprimento (s.m.) compliance
- **[não-] cumprimento** non-compliance

cumprir (v.) comply with

custeio (s.m.) costing
- **custeio de processo** process costing
- **custeio direto** direct costing
- **custeio padrão** standard costing
- **custeio por absorção** absorption costing
- **custeio por ordem de produção** order costing
- **custeio por processo** process costing
- **custeio real** actual costing

custo (s.m.) cost

 Estritamente, somente gastos debitados ao ativo. Entretanto, nem sempre os textos são muito rigorosos nesse uso. ➠ *gasto* ➠ *despesa*
- **[ao] custo** at cost
- **custo administrativo** administrative cost
- **custo corrigido** indexed cost | cost adjusted for inflation

 Isto significa que o custo recebeu correção monetária ou algum tipo de indexação. Não significa que alguém tenha corrigido algum erro.
- **custo de aquisição** original cost | acquisition cost
- **custo de aquisição** purchasing cost | original cost
- **custo de manutenção** maintenance cost
- **custo de mão-de-obra** labor cost
- **custo de matéria-prima** raw materials costs
- **custo de obra por empreitada** costs incurred under contract

 Conta abolida pela lei das S.A.
- **custo de produto** product cost
- **custo de produtos vendidos** cost of sales

- **custo de reposição** replacement cost
- **custo de vendas** cost of sales
- **custo de vendas** sales cost
- **custo direto** direct cost
- **custo do dinheiro** cost of money
- **custo efetivo** actual cost
- **custo expirado** expired cost
- **custo financeiro** financial cost
- **custo fixo** fixed cost
- **custo histórico** historical cost
- **custo incorrido** incurred cost
- **custo indireto** indirect cost
- **custo indireto de fabricação** manufacturing overhead
- **custo indireto de produção** manufacturing overhead
- **custo intangível** intangible cost
- **custo marginal** marginal cost | incremental cost
- **custo médio** average cost
- **custo não-expirado** unexpired cost
- **custo não-recuperado** unrecovered cost
- **custo não-recuperável** unrecoverable cost
- **custo operacional** operating cost
- **custo original** original cost
- **custo ou mercado, dos dois o menor** lower of cost or market
- **custo padrão** standard cost
- **custo por absorção** absorption cost
- **custo por ordem de produção** order cost
- **custo por processo** process cost
- **custo primário** prime cost
- **custo real** actual cost
- **custo recuperado** recovered cost
- **custo recuperável** recoverable cost
- **custo residual** residual cost
- **custo variável** variable cost

CVM Brazilian Securities and Exchange Commission ➠ *Comissão de Valores Mobiliários*

D

dar (v.) give
- **dar baixa** credit | write off ⟹ *baixar*
- **dar em penhor** pledge (as collateral) ⟹ *penhorar*

data (s.f.) date
- **data base** base date
- **data de contabilização** booking date
- **data de vencimento** due date
- **[na] data de vencimento** when due

debênture (s.f.) debenture (bond)
- **debênture conversível** convertible debenture
- **debênture não conversível** non-convertible debenture

debenturista (s.f.) debentureholder

debitar (v.) charge | debit
- **debitar ao resultado** charge to income | expense

 O oposto de ⟹ *capitalizar.*

- **debitar ao resultado (do exercício)** charge to income (for the year)
- **debitar diretamente às contas de despesas do período** charge to income ⟹ comentário em *debitar ao resultado*

débito (s.m.) debit | charge
- **[a] débito de** as a charge to
- **débito de depreciação** depreciation charge
- **débito direto às contas de despesas do período** charge to income

décimo-terceiro salário (s.m.) thirteenth salary

 O 13º salário começou como ⟹ *abono de natal,* mas já perdeu totalmente essa característica.

declarar (v.) declare
- **declarar dividendos** declare a dividend

decretar (v.) issue a decree

decreto (s.m.) decree
- **decreto-lei** (s.m.) decree-law

dedução (s.f.) deduction
- **dedução da receita bruta** deduction from gross sales

 Num balanço, essa linha muitas vezes aparece meramente como *less.*

dedutibilidade (s.f.) deductibility
- **[não] dedutibilidade** non-deductibility

deduzir (v.) deduct

defasado (adj.) lagging, lagged

 Geralmente, usado para se referir a preços que alegadamente não acompanharam a inflação.

defasagem (s.f.) time-lag

defesa (s.f.) hedge

 Defesa, no sentido de *hedge,* é usado em documentos oficiais, mas raro na prática.
- **[como] defesa contra** as a hedge against

déficit (s.m.) lack | deficiency | deficit

deficitário (adj.) unprofitable | showing a lack of

demonstração (s.f.) statement
- **demonstração das mutações no patrimônio líquido** statement of shareholders' equity | statement of stockholders' equity

Note que o nome da demonstração em inglês não traduz o *mutação* português. ➠ *mutações patrimoniais*

- **demonstração de lucros e perdas** income statement | statement of income

Nome antigo da ➠ *demonstração do resultado do exercício.*

- **demonstração de origens e aplicações de recursos** statement of changes in financial position | statement of sources and uses of funds
- **demonstração do resultado do exercício** income statement | statement of income | profit and loss account (UK)
- **demonstração dos lucros ou prejuízos acumulados** statement of retained earnings or accumulated losses
- **demonstrações contábeis** financial statements | financials

Há uma grande discussão a respeito deste termo. Basicamente, há uma escola internacionalista que insiste que são *demonstrações financeiras,* expressão dada como anglicismo pelos nacionalistas. Sem contar os que acham que são *demonstrativos,* não *demonstrações.* Em inglês, sempre *financial statements,* coloquialmente *financials.* Em alguns documentos aparece *balanço e demonstrações financeiras,* que é melhor traduzir por *balance sheet and other financial statements.* ➠ *demonstrações financeiras*

- **demonstrações convertidas** translated financial statements ➠ *converter*
- **demonstrações em moeda de poder aquisitivo constante**

constant-currency statements
- **demonstrações financeiras** financial statements | financials = ➠ *demonstrações contábeis*
- **demonstrações financeiras comparativas** comparative financial statements
- **demonstrações financeiras consolidadas** consolidated financial statements
- **demonstrações financeiras em moeda estrangeira** foreign-currency financial statements
- **demonstrações financeiras reapresentadas** restated financial statements | restated financials = ➠ *demonstrações contábeis*
- **demonstrações traduzidas** translated financial statements ➠ *converter*

demonstrado a maior (adj.) overstated
- **demonstrado a menor** understated

demonstrar (v.) show

Como demonstrado abaixo: = As shown below:

- **demonstrar ao custo** show at cost
- **demonstrar pelo método patrimonial** show at equity
- **demonstrar subtrativamente** show as a deduction

demonstrativo (s.m.) statement ➠ *demonstração*

Há muita oscilação no uso desses dois termos.

denominador (s.m.) denominator
- **denominador comum monetário** money as a common denominator

depositante (s.m.) depositor

D

depositar (v.) deposit

depositário (s.m.) depository

depósito (s.m.) deposit
- **depósito bancário à vista**
  demand bank deposit
- **depósito bancário vinculado**
  restricted bank deposit
- **depósitos e cauções** security
  deposits

depreciação (s.f.) depreciation
- **depreciação acelerada**
  accelerated depreciation
- **depreciação acumulada**
  accumulated depreciation
- **depreciação incentivada**
  accelerated depreciation
- **depreciação pelo método da
  linha reta** straight-line
  depreciation
- **depreciação retilínear**
  straight-line depreciation

depreciar (v.) depreciate

deságio (s.m.) discount
- **[com] deságio** at a discount

descontar (v.) discount

 Muitas vezes significa uma operação seme-lhante à fatorização, em que um comerciante cede ⟶ *duplicatas* a um banco que, por sua vez, credita ao comerciante o valor da conta menos uma comissão de ⟶ *desconto*.

desconto (s.m.) discount
- **[com] desconto** at a discount
- **desconto auferido** discount
  earned
- **desconto concedido** discount
  granted
- **desconto obtido** discount
  received
- **desconto por pagamento a
  vista** cash discount

desembolsar (v.) disburse

desembolsos (s.m.p.)
disbursements

desenvolver (v.) develop

desenvolvimento (s.m.)
development

desmobilização (s.f.) disposal

desmobilizar (v.) dispose of

despender (v.) spend

despendido (adj.) spent

despesa (s.f.) expense

 Estritamente, somente gastos debitados ao resultado. Entretanto, nem sempre os textos são muito rigorosos nesse uso. ⟶ *gasto* ⟶ *custo*
- **despesa administrativa**
  administrative expense
- **despesa antecipada** prepaid
  expense

 Forma truncada de ⟶ *despesa do exercício seguinte paga antecipadamente.*
- **despesa com o pessoal**
  personnel expense
- **despesa de cobrança**
  collection expense
- **despesa de depreciação**
  depreciation expense
- **despesa de publicidade**
  advertising expense
- **despesa de representação**
  business entertainment expense
- **despesa de vendas**
  selling expense
- **despesa diferida** deferred
  expense
- **despesa direta** direct expense
- **despesa do exercício seguinte (paga antecipadamente)**
  prepaid expense
- **despesa financeira** financial
  expense
- **despesa não-operacional**
  non-operating expense

D

- **despesa operacional** operating expense
- **despesa paga antecipadamente** prepaid expense
- **despesa pré-operacional** preoperating expense
- **despesas gerais** general expenses

destacar (v.) show separately

desvalorização (s.f.) devaluation
- **desvalorização da taxa de câmbio** currency devaluation | exchange devaluation
- **desvalorização de moeda** currency devaluation | exchange devaluation

desvalorizar-se (v.) devaluate

devedor (s.m.) debtor | with a debit balance

(1) *Nossos devedores estão todos atrasados.* = *Our debtors are behind with their payments.* (2) *Sua conta está com saldo devedor.* = *Your account shows a debit balance.*

devido (adj.) due

devolução (s.f.) return
- **devolução de vendas** returned sales

devolver (v.) return

dia (s.m.) day
- **dia de semana** weekday
- **dia do pagamento** payday
- **dia útil** business day | working day
- **dias corridos** running days
- **dias de vendas a receber** days' sales receivable

diário (s.m.) journal

Forma truncada de ➠ *livro diário.*

- **Diário Oficial** Official Gazette
- **Diário Oficial da União** Federal Official Gazette

- **Diário Oficial do Estado** State Official Gazette
- **Diário Oficial do Município** Local Official Gazette | Municipal Official Gazette

Municipality geralmente se entende como uma unidade urbana, enquanto que um município inclui também áreas rurais. Por isso, é preferível traduzir como *local* e suas variantes.

diferença (s.f.) difference
- **diferença temporária** temporary difference

diferimento (s.m.) deferral

diferir (s.m.) defer

dinheiro (s.m.) money | currency | cash
- **dinheiro barato** cheap money
- **dinheiro caro** expensive money
- **dinheiro em caixa** cash on hand
- **dinheiro ocioso** idle money

direito (s.m.) right | claim | law
- **[com] direito a** entitled to
- **direito a voto** voting right
- **[com] direito a voto** voting
- **direito adquirido a** vested right to
- **direito comercial** commercial law | business law
- **direito de propriedade** property right | title
- **direito de propriedade** property right
- **direito de regresso** recourse
- **[com] direito de regresso** with recourse
- **[sem] direito de regresso** without recourse
- **direito societário** corporate law
- **direito tributário** tax law
- **direitos sobre recursos minerais** mining rights

diretor (s.m.) executive officer | vice-president

Um *diretor* numa empresa brasileira é um dos sócios, um membro da família proprietária ou um profissional que exerce uma atividade constante na empresa. Difere de ⟶ *membro do* ⟶ *Conselho de Administração*, que, por sua vez, se compara ao *Board of Directors* de uma empresa americana. ⟶ *Diretoria.* Muitas vezes, o melhor correspondente é *vice-president*. Entretanto, a nomenclatura não é estável nem em português nem tampouco em inglês.
- **diretor de informações** chief information officer
- **diretor de relações com o mercado** shareholder relations officer
- **diretor financeiro** chief financial officer
- **diretor presidente** president | Chief Executive Officer (CEO)

diretoria (s.f.) executive office | executive suite | management committee

(1) *X foi promovido à diretoria. Agora ele é diretor de Recursos Humanos.* = *X was made an executive officer. He is now Vice-President in charge of Human Resources.* (2) *Estão todos reunidos na diretoria.* = *They are all in a meeting at the executive suite.* (3) *A diretoria decidiu...* = *The management committee decided to...*

dispêndio (s.m.) expenditure

Tecnicamente, o mesmo que ⟶ *gasto.*

disponível (s.m.) cash

Forma truncada de ⟶ *ativo disponível.*

distribuição (s.f.) distribution | allocation
- **distribuição de custos** cost allocation
- **distribuição de produtos** product distribution

distribuidor (s.m.) dealer | distributor
- **distribuidor de produtos** distributor
- **distribuidor de valores** (securities) dealer

distribuidora (s.f.) dealer firm
- **distribuidora de (títulos e) valores (mobiliários)** (securities) dealer

distribuir (v.) distribute | pay
- **distribuir custos** allocate costs
- **distribuir dividendos** pay dividends
- **distribuir lucros** distribute profits
- **distribuir um produto** distribute a product

dívida (s.f.) debt

dividendo (s.m.) (cash) dividend

Expressão controversa. Estritamente falando, sempre se refere às distribuições em dinheiro. Na prática, muitas vezes se refere a distribuições em ações.
- **dividendo complementar** complementary dividend
- **dividendo cumulativo** cumulative dividend
- **dividendo em ações** share dividend | stock dividend

Expressão dada como anglicismo sancionado por alguns dicionários. ⟶ *bonificação*

D

- **dividendo em dinheiro** cash dividend ⟶ comentário em *dividendo em ações* ⟶ *dividendo*
- **dividendo fixo** fixed dividend
- **dividendo intercalar** interim dividend
- **dividendo mínimo** minimum dividend
- **dividendo obrigatório** mandatory dividend
- **dividendo proposto a pagar** proposed dividends (payable)

 O contexto geralmente deixa claro se se trata de um dividendo *a pagar* ou *a receber,* tornando o *payable* desnecessário.

- **dividendo proposto a receber** proposed dividends (receivable) ⟶ comentário em *dividendo proposto a pagar*
- **dividendo variável** variable dividend
- **dividendos por ação do capital social em circulação** dividends per outstanding share

divisa (s.f.) border
- **divisas (s.f.p.)** foreign currency

divulgação (s.f.) disclosure

divulgar (v.) disclose

doação (s.f.) donation

DOAR statement of sources and uses of funds | statement of changes in financial position

 Abreviatura de: Demonstrativo de Origens e Aplicações de Recursos

doar (v.) donate

domiciliado (s.m.) domiciled
- **domiciliado (adj.)** domiciled
- **[não-] domiciliado** non-domiciled

domicílio (s.m.) domicile

dotação (s.f.) grant

dotar (v.) grant
- **dotar de personalidade jurídica própria** incorporate

duodécimo (s.m.) twelfth | twelfth part | monthly payment

 Usado principalmente para se referir a pagamentos mensais de imposto de renda.

duplicata (s.f.) trade bill

 Duplicata é um documento tipicamente brasileiro. É um saque sobre o comprador de mercadorias ou serviços, que pode ser negociado ou protestado como qualquer outro título de crédito.

- **duplicatas a receber** trade receivables
- **duplicatas descontadas** trade bills discounted
- **duplicatas em cobrança** trade bills assigned to a bank for collection purposes | trade bills for collection

E

edificação (s.m.) building
• **edificações e benfeitorias**
buildings and improvements

edifício (s.m.) building
• **edifícios e benfeitorias**
buildings and improvements

efeito (s.m.) effect | bill
• **efeito a pagar** payable

 Forma antiquada de ➠
conta a pagar.

• **efeito a receber** receivable

 Forma antiquada de ➠
conta a receber.

• **efeito da inflação** effect of
inflation

eliminação (s.f.) elimination
• **eliminação de consolidação**
elimination for consolidation
purposes
• **eliminação de investimentos**
elimination of investments

eliminar (v.) eliminate
• **eliminar da consolidação**
eliminate from the consolidated
financial statements
• **eliminar de** eliminate from
• **eliminar investimentos**
eliminate investments

emissão (s.f.) issue | issuing

 (1) *A emissão foi colo-
cada em dez dias. = The
issue was placed within
ten days.* **(2)** *A emissão de ações
ao portador é ilegal. = Issuing
bearer shares is not legal.*

emissor (s.m.) issuer

emitente (s.d.) issuer

emitir (v.) issue

• **emitir ações** issue shares

empenhar (v.) commit | pledge
• **empenhar bens** pledge assets
• **empenhar recursos** commit
resources

empreendimento conjunto (s.m.)
joint venture

empreitada (s.f.) contracting |
contract work
• **[sob] empreitada** under contract

empreiteiro (s.m.) contractor

empresa (s.m.) company

 Company é o termo
mais genérico para
qualquer tipo de negó-
cio em inglês. *Empresa* é informalmente usado como sinônimo
de ➠ *sociedade.*

• **empresa brasileira** local
company | resident company

 Uma empresa pode ser
brasileira e ter todo seu
capital nas mãos de in-
vestidores estrangeiros.

• **empresa comercial** commercial
company
• **empresa de capital
estrangeiro** company owned by
foreign investors
• **empresa de capital nacional**
company owned by Brazilian
investors
• **empresa de grande porte**
large company
• **empresa de médio porte**
medium-sized company
• **empresa de pequeno porte**
small company
• **empresa em funcionamento**
going concern
• **empresa em operação**
going concern ➠ *empresa operacional*
• **empresa estatal** public
corporation
• **empresa inativa** dormant
company

- **empresa ligada** affiliated company
- **empresa nacional** local company | resident company

 Uma empresa pode ser *nacional* e ter seu todo seu capital nas mãos de investidores estrangeiros.

- **empresa operacional** operating company

 Uma ⟹ *empresa em operação*, isto é, uma empresa que está funcionando, não é uma ⟹ *holding*.

empresarial (adj.) corporate | business

empresário (s.m.) businessperson | member of the business community

emprestar (v.) lend

empréstimo (s.m.) loan
- **empréstimo a juros subsidiados** subsidized loan
- **empréstimo a título gratuito** non-interest-bearing loan | free loan
- **empréstimo a título oneroso** interest-bearing loan
- **empréstimo bancário** bank loan
- **empréstimo compulsório** compulsory loan
- **empréstimo garantido** secured loan
- **empréstimos e financiamentos** loans ⟹ *financiamento*

encargo (s.m.) charge
- **encargos financeiros** financial charges
- **encargos financeiros a apropriar** unappropriated financial charges
- **encargos sobre a folha de pagamento** payroll charges

Este item inclui todos os encargos calculados com base na folha de pagamento, não só a seguridade social.

- **encargos sociais** payroll charges ⟹ comentário em *encargos sobre a folha de pagamento*

encerramento (s.m.) end
- **encerramento do exercício** end of year

encomenda (s.f.) (customer) order
- **[por] encomenda** to order

encomendar (v.) order from a supplier

endividamento (s.m.) indebtedness

endossado (s.m.) endorsee
- **endossado** (adj.) endorsed

endossante (s.m.) endorser

endossar (v.) endorse

 Endossar atrás e *endossar no verso*, formas muito comuns, são pleonasmos, porque todo endosso tem de ser no verso. Por isso, não traduza o *atrás* ou *no verso*.

endossatário (s.m.) endorsee

endosso (s.m.) endorsement
- **endosso em branco** blank endorsement
- **endosso em preto** restrictive endorsement | special endorsement

entidade (s.m.) entity
- **entidade em funcionamento** going concern

entrada (s.f.) down payment | in

 Uma entrada de R$ 500. = A R$ 500 downpayment. Porém, num formulário, indicando, por exemplo, materiais recebidos, a tradução é *in*.

equivalência (s.f.) equivalence
- **[pela] equivalência patrimonial** at equity | by the equity method

E

equivalente (s.m.) equivalent
• **equivalente a caixa** cash equivalent

escritório (s.m.) office
• **escritório de vendas** sales office

espécie (s.m.) cash | assets
• **[em] espécie** cash | assets

 Termo extremamente perigoso. *Espécie* tecnicamente é sinônimo de dinheiro. Portanto, *pagar em espécie* significa *pagar em dinheiro*. Entretanto, é freqüente ver *em espécie* usado no sentido de *em bens que não dinheiro*. O problema se agrava porque *in kind*, a expressão inglesa homóloga, significa *em qualquer coisa que não seja dinheiro*.

estado (s.m.) state

estatal (s.f.) public corporation

 Forma abreviada de ➠ *empresa estatal*.

estatuto (s.m.) articles of incorporation | charter

estimado (adj.) estimated

estimar (v.) estimate
• **estimar a maior** overestimate
• **estimar a menor** underestimate
• **estimar custos** estimate costs

estimativa (s.m.) estimation
• **estimativa a maior** overestimation
• **estimativa a menor** underestimation
• **estimativa de custo** cost estimate
• **estimativa de preço** price estimate

estoque (s.m.) inventory
• **estoque de lenta rotação** slow-moving inventory

• **estoque de manutenção** maintenance stores
• **estoque de produtos acabados** finished-goods inventory
• **estoque de produtos em processo** work-in-progress inventory
• **estoque destinado a venda** inventories for sale
• **estoque em consignação** consignment inventory
• **estoque obsoleto** obsolete inventory
• **estoque regulador** buffer inventory

estornar (v.) reverse (an entry)

estorno (s.m.) reversal (of an entry)
• **estorno** reversal (of incorrect entry)

estrangeiro (s.m.) foreigner
• **estrangeiro (adj.)** foreign
• **[no] estrangeiro** abroad

estrutura (s.f.) structure | framework
• **estrutura de capital** capital structure
• **estrutura de preço** price structure
• **estrutura normativa** regulatory framework

euro-obrigação (s.m.) eurobond

eurodólar (s.m.) eurodollar

evento (s.m.) event
• **evento relevante** material event
• **evento subseqüente** subsequent event

eventual (adj.) non-recurring

exaurir (v.) deplete

exaustão (s.f.) depletion

excluir (v.) exclude
• **excluir do lucro líquido** exclude from income

exclusão (s.f.) exclusion

- **exclusão do lucro líquido**
  exclusion from income
- **exclusão permanente**
  permanent exclusion

exercício (s.m.) (business) year
- **exercício anterior** prior year
- **exercício futuro** future year ➠
  resultados de exercícios futuros
- **exercício social** business year

exigível (s.m.) liabilities

 Forma truncada de ➠
passivo exigível.

- **[não-] exigível** shareholders'
  equity | stockholders' equity | net
  worth

 Nome antigo de ➠
patrimônio líquido.

expor (v.) expose

exportação (s.f.) export

exportador (s.m.) exporter

exportar (v.) export

exposição (s.f.) exposure

extracaixa (adj.) non-cash

 Não confundir com ➠
caixa dois. Significa meramente o que não envol-
ve mudanças no saldo de caixa.

extraordinário (adj.) non-recurrent

extrapatrimonial (adj.) off-balance
sheet

 Off-balance sheet e
extrapatriominal se re-
ferem a operações per-
feitamente legais. Não confunda
com ➠ *caixa dois.*

E

F

fábrica (s.f.) factory | plant

fabricação (s.f.) making of | manufacture of

fabricante (s.m.) maker | manufacturer

fabricar (v.) make | manufacture | produce

falência (s.f.) bankruptcy

falido (adj.) bankrupt

fase (s.f.) stage
• **fase de implantação** preoperating stage
• **fase de implementação** preoperating stage

 Considerado anglicismo a ser substituído por ⟹ *fase de implantação*, porém usual.

fato (s.m.) fact | event
• **fato gerador** originating event

fatura (s.f.) bill | invoice

faturamento (s.m.) billings | billings department
• **faturamento antecipado** advance billing
• **faturamento parcial** progress billing

faturar (v.) bill | sell on credit

 Muitas vezes *faturar* é usado como sinônimo para *vender a crédito.* *Vocês faturam? = Dou you sell on credit?*
• **[a] faturar** unbilled

fazenda (s.f.) tax authorities | plantation | ranch

 Farm, embora usado freqüentemente como tradução de *fazenda* é sempre uma propriedade menor, equivalente ao nosso *sítio.* *Plantation* reflete muito melhor o porte e organização da *fazenda* brasileira. Num texto empresarial, entretanto, *fazenda* geralmente significa *as autoridades tributárias.*
• **fazenda pública** tax authorities

fechamento (s.m.) closing

fechar (v.) close
• **fechar o capital** revert to closely-held status

férias (s.f.p.) vacation | vacation pay
• **férias a pagar** accrued vacation pay

ferramentas (s.f.p.) tools | tooling

filhote (s.m.) bonus share

filial (s.f.) branch | branch office
• **filial de vendas** sales branch
• **filial no exterior** foreign branch

fim (s.m.) purpose
• **[com] fins lucrativos** for profit
• **[sem] fins lucrativos** not for profit

finanças (s.f.) finance

financeiro (adj.) financial

financiamento (s.m.) funding | loan | borrowings

 O produto de um *empréstimo* pode ser utilizado como o devedor quiser; o produto de um *financiamento* tem de ser usado na compra de um ativo especificado. *Financing* em inglês, significa *o ato de financiar,* não os fundos recebidos, ou pode ser usado como termo genérico. Evite usar como *countable.*

 (1) *O BNDES está financiando a operação. Logo que o financia-*

mento for liberado, vamos... = *BNDS is financing the operation. As soon as the funds are disbursed we will... / As soon as the loan is disbursed we will...* (2) *Estamos tentando obter financiamento a longo prazo para essas operações.* = *We are trying to obtain long-term financing for those operations.*
- **financiamento bancário** bank loan
- **financiamento bancário a curto prazo** short-term bank loans

financiar (v.) finance | fund

fiscal (s.m.) (government) inspector | tax inspector | tax auditor
- **fiscal** (adj.) tax

fluxo (s.m.) flow
- **fluxo de caixa** cash flow
- **fluxo de caixa descontado** discounted cash flow
- **fluxo de capitais** capital flow

folha (s.f.) sheet | roll

 Muitas vezes, forma truncada de ⇒ *folha de pagamento.*

folha de pagamento (s.f.) payroll

fonte (s.f.) source
- **fonte de suprimentos** supply source
- **fonte pagadora** source

forma (s.f.) form
- **[pró] forma** pro-forma

fornecedor (s.m.) supplier | vendor
- **fornecedor estrangeiro** foreign supplier
- **fornecedor nacional** local supplier | domestic supplier

- **fornecedores** (s.m.p.) suppliers | vendors | trade payables

 No plural, muitas vezes, forma truncada de ⇒ *contas a pagar – fornecedores.*

fornecimento (s.m.) supply

fundir-se com (v.) merge with

fundo (s.m.) fund
- **fundo de caixa pequeno** petty cash fund

 Teoricamente, o fundo usado para o ⇒ *caixa pequeno.* Na prática, sinônimos.
- **fundo de comércio** goodwill
- **fundo de investimento** investment fund
- **fundo fixo** imprest fund

 Um tipo de ⇒ *caixa pequeno.* É o tipo mais recomendado e, possivelmente, o mais comum. Mas nem todo fundo de caixa pequeno é do tipo *fundo fixo.*
- **fundo mútuo** mutual fund

fungível (adj.) fungible

fusão (s.f.) merge

futuro (s.m.) future
- **[a] futuro** (s.m.) forward

 Não confundir *a futuro* com *futuros.*

- **futuros** (s.m.p.) futures ⇒ comentário acima

F

G

ganho (s.m.) gain
- **ganho de capital** capital gain
- **ganho eventual** non-recurring gain
- **ganho na conversão** translation gain ⇒ *conversão* ⇒ *tradução*
- **ganho na tradução** translation gain
- **ganho potencial** potential gain

garantia (s.f.) guarantee | warranty collateral
- **garantia (de produto)** warranty
- **garantia (real)** collateral

garantido (adj.) secured | guaranteed

gasto (s.m.) expenditure

 Um termo mais genérico para *dinheiro que sai*. Nem sempre os textos são muito estritos. ⇒ *despesa* ⇒ *custo* ⇒ *dispêndio*
- **gasto de capital** capital expense | capital expenditure | capital outlay

- **gasto periódico** period expense
- **gasto de organização** organization expense
- **gasto de organização e administração** organization and management expense
- **gasto de reorganização** reorganization expense
- **gasto preliminar de operação** preliminary operating expense
- **gasto pré-operacional** preoperating expense

glosa (s.f.) disallowance

 Entretanto a frase padrão: ...*sofreu glosas*... = ...*deductions were disallowed*...

glosar (v.) disallow

gratificação (s.f.) bonus

gratificar (v.) grant a bonus

grupo (s.m.) group
- **grupo de sociedades** group
- **grupo empresarial** group

H

hipoteca (s.f.) (real-estate)
mortgage

 Mortgage também se aplica a bens móveis, por isso, em alguns casos talvez seja importante especificar.

holding (s.f.) holding company | shell company

 Holding company é o termo mais genérico; *shell company* é especificamente a que não tem atividades operacionais.

honorários (s.m.p.) professional fees | management compensation | executive salaries

 Pagamos os honorários dos auditores e dos diretores. = We paid auditor's fees and remuneration of executive officers.

I

ICMS State VAT

 Abreviação de ➠ *imposto sobre a circulação de mercadorias.*

imobilizações (s.m.) ➠ *ativo imobilizado*
• **imobilizações em andamento** plant and equipment under construction | premises and equipment under construction | fixed assets under construction

imobilizado (s.m.) ➠ *ativo imobilizado*
• **imobilizado construído pela própria empresa** self-constructed asset
• **imobilizado em andamento** plant and equipment under construction | premises and equipment under construction | fixed assets under construction
• **imobilizado financeiro** (permanent) investment

 Forma antiga de ➠ *investimentos.*

• **imobilizado técnico** property, plant and equipment | premises and equipment

 Forma antiga de ➠ *ativo imobilizado.*

• **imobilizações em andamento** property, plant and equipment under construction | premises and equipment under construction | fixed assets under construction | construction work in progress

imóvel (s.m.) real property | real estate

implantação (s.f.) implementation

implantar (v.) implement

implementação (s.f.) implementation

 Considerado anglicismo a ser substituído por ➠ *implantação,* porém usual.

implementar (v.) implement

 Considerado anglicismo a ser substituído por ➠ *implantar,* porém usual.

importação (s.f.) import
• **importação em andamento** import in progress

importador (s.m.) importer

importar (v.) import

imposto (s.m.) tax

 Imposto é um tipo de ➠ *tributo.*

• **imposto a pagar** tax payable
• **imposto a recuperar** ICMS and IPI tax credits

 Tanto IPI como ICMS são impostos do tipo de valor agregado e, por isso, a empresa registra nessa conta os valores desses impostos pagos pelos seus fornecedores.
• **imposto de renda a pagar** income tax payable ➠ *provisão para imposto de renda*
• **imposto de renda diferido** deferred income tax
• **imposto de renda retido na fonte** withholding tax
• **imposto de vendas** sales tax

 Não há imposto de vendas no Brasil. Não confundir com ➠ *impostos incidentes sobre as vendas.*
• **imposto diferido** deferred tax
• **imposto direto** direct tax
• **imposto indireto** indirect tax

- **imposto não-cumulativo** value-added tax
- **imposto retido (na fonte)** (income) tax withheld (at source)
- **imposto seletivo** excise tax
- **imposto sindical** union tax
- **imposto sobre a circulação de mercadorias** State VAT

 O ICMS difere de um imposto de vendas por (a) ser um imposto sobre o ➧ *valor agregado* e (b) por incidir sobre certas transações, que, a rigor, não são vendas.

- **imposto sobre a renda** income tax
- **imposto sobre a renda das pessoas físicas** individual income tax
- **imposto sobre a renda das pessoas jurídicas** corporate income tax
- **imposto sobre a renda diferido** deferred income tax
- **imposto sobre o valor agregado** value-added tax
- **imposto sobre produtos industrializados** federal VAT

 O IPI combina características de um ➧ *imposto sobre o valor agregado* com as características de um ➧ *imposto seletivo.* ➧ *industrializado*

- **imposto sobre serviços de qualquer natureza** (local) service tax ➧ *município*
- **impostos incidentes sobre vendas** taxes on sales

 Estes são os impostos calculados sobre o valor das vendas, mas a rigor não são ➧ *impostos de vendas* propriamente ditos. Incluem, por exemplo, o ICMS, que é um imposto sobre o valor agregado. A rigor, não existe imposto de vendas no Brasil.

inadimplência (s.f.) default

inadimplente (adj.) in default

inativo (adj.) inactive | dormant

incentivo (s.m.) incentive
- **incentivo fiscal** tax incentive
- **incentivo fiscal à exportação** tax incentive to exports

incorporação (s.f.) take over creation

 O inglês *incorporate* significa dotar de personalidade jurídica própria.

- **incorporação de um condomínio** creation of a condominium
- **incorporação de uma empresa** taking over a company

incorporar (v.) take over | create ➧ comentário em *incorporação*
- **incorporar um condomínio** create a condominium
- **incorporar uma empresa** take over a company

incorrer (v.) incur

incorrido (adj.) incurred

independência (s.f.) independence
- **[com] independência** at arm's length

independente (adj.) independent

índice (s.m.) index | ratio
- **índice de endividamento** indebtedness ratio | debt to asset ratio
- **índice de liquidez** liquidity ratio
- **índice de preços** price index
- **índice de preços ao consumidor** consumer price index
- **índice de preços no atacado** wholesale price index
- **índice de preços no varejo** retail price index

indústria (s.f.) industry | manufacturing industry

industrial (adj.) manufacturing

industrializar (v.) industrialize | process

(1) *Esta região está se industrializando rapidamente. = This area is industrializing fast.* **(2)** *Aqui, industrializamos produtos para exportação. = Here we process goods for the export market.*

industrializado (adj.) industrialized | manufactured

Nunca use *industrialized* com o significado de manufaturado.

inflação (s.f.) inflation

inflacionar (v.) inflate, pad

Inflate é aumentar desnecessáriamente; *pad* é aumentar por meio de informações falsificadas. **(1)** *A folha de pagamento estava inflacionada por numerosos funcionários desnecessários. = Payroll was inflated by many unneeded employees.* **(2)** *A folha de pagamento estava inflacionada por muitos funcionários-fantasma. = Payroll was padded with many non-existent employees.*

inflácionário (adj.) inflationary | inflation

Inflacionário muitas vezes é melhor traduzido como *inflation* usado como atributo: *lucro inflacionário = inflation income.*

início (s.m.) beginning
• **início do exercício** beginning of year

insolvência (s.f.) insolvence

insolvente (adj.) insolvent

INSS social security authority

Abreviação de Instituto Nacional de Seguridade Social.

instalações (s.f.p.) fixtures | facilities
• **instalações fixas** fixtures ➠ *móveis e utensílios*

instrução (s.f.) instruction
• **instrução normativa** normative instruction

instrumento (s.m.) instrument
• **instrumento financeiro** financial instrument

intangível (adj.) intangible

integralizado (adj.) paid in

integralizar (v.) pay in (capital)
• **[a] integralizar** unpaid (capital)

intercompanhias (s.f.p.) intercompany

investida (s.f.) investee

Considerado anglicismo.

investidor (s.m.) investor

investidora (s.f.) investor company

investimento (s.m.) investment
• **investimento (em títulos de) renda fixa** fixed-income investment
• **investimento compulsório** compulsory investment
• **investimento em ações** equity investment | stock investment | share investment
• **investimento relevante** material investment
• **investimento permanente** permanent investment
• **investimento temporário a longo prazo** temporary long-term investment
• **investimento voluntário** voluntary investment

IPI federal VAT

 Abreviação de ⇒ *imposto sobre produtos industrializados.*

IRPF individual income tax

 Abreviação de ⇒ *imposto sobre a renda das pessoas físicas.*

IRPJ corporate income tax

 Abreviação de ⇒ *imposto sobre a renda das pessoas jurídicas.*

irrelevante (adj.) immaterial

 Diz-se do que não tem valor significativo. *Uma diferença de caixa de R$ 1 é irrelevante. = A R$ 1 cash difference is immaterial.*

IRRF withholding tax

 Abreviação de ⇒ *imposto de renda retido na fonte.*

isenção de (s.f.) exemption from
• **isenção de imposto de renda** income tax exemption

isentar de (v.) exempt from
• **isentar de impostos** exempt from taxes

isento de impostos (adj.) tax exempt

ISS (local) service tax

 Abreviação de ⇒ *imposto sobre serviços de qualquer natureza.*

item (s.m.) item
• **item que não afeta caixa** non-cash item

 Não tem nada de ilegal nem está relacionado com o ⇒ *caixa dois.* Trata-se de itens que não afetam o saldo de caixa, como ⇒ *depreciação.*

I

J

---

joint-venture (s.f.) joint venture

 Existe ⟶ *empreendimento conjunto*, mas é raro. É uma figura totalmente diferente da ⟶ *sociedade em conta de participação.*

juros (s.m.p.) interest
- **juros a transcorrer** unearned income
- **juros ativos** interest received
- **juros auferidos** interest earned
- **juros capitalizados** capitalized interest
- **juros compostos** compound interest
- **juros de mora** delinquent interest

 Estes são os juros que o devedor tem de pagar porque não quitou a obrigação no vencimento. ⟶ *juros em mora*
- **juros e participações** interest and profit shares
- **juros em mora** interest in arrears | arrears of interest

 Estes são os juros vencidos que o devedor ainda não pagou. ⟶ *juros de mora*
- **juros pagos** interest paid
- **juros passivos** interest paid
- **juros recebidos** interest received
- **juros simples** simple interest
- **juros sobre o capital próprio** interest on own capital
- **juros transcorridos** accrued interest

L

lançamento (s.m.) (accounting) entry | (tax) assessment
- **lançamento contábil** accounting entry
- **lançamento de ajuste** adjusting entry
- **lançamento de diário** journal entry
- **lançamento de imposto** tax assessment
- **lançamento de razão** (ledger) posting
- **lançamento de retificação** correcting entry

lançar (v.) enter | assess | launch | float
- **lançar a crédito de** credit to | enter as a credit to | account for as a credit to
- **lançar a débito de** charge to | enter as a charge to | account for as a charge to
- **lançar como despesa** expense | charge to income
- **lançar contabilmente** enter
- **lançar no diário** journalize
- **lançar no razão** post (to the ledger)
- **lançar nos livros** enter
- **lançar o imposto** enter the tax | assess the tax

 (1) *O fiscal lançou o imposto.* = *The tax inspector assessed the tax.* **(2)** *O contador lançou o valor errado para esse imposto.* = *The bookkeeper entered this tax at the wrong amount.*
- **lançar títulos** float securities
- **lançar um produto** launch a product

legislação (s.f.) legislation

lei (s.f.) law
- **lei complementar** "complementary" law | enabling act

letra (s.f.) bill

- **letra de câmbio** bill of exchange
- **Letra do Tesouro Nacional** Brazilian Treasury Bill

linha (s.f.) line
- **linha de produto** product line
- **linha reta** straight line

liquidação (s.f.) liquidation | settlement | winding up
- **liquidação de um negócio** liquidation of a business | winding up of a business
- **liquidação de uma dívida** settlement of a debt

liqüidante (s.m.) liquidator

liquidar (v.) settle | liquidate | wind up
- **liquidar um negócio** wind up a business | liquidate a business
- **liquidar uma dívida** settle a debt

liquidez (s.f.) liquidity

líquido (adj.) net | liquid

 Liquid é um ativo que pode ser prontamente transformado em dinheiro, por exemplo, Obrigações do Tesouro, para as quais há um mercado ativo. *Net* é o que já sofreu todos os descontos. ➠ *lucro líquido* ➠ *prejuízo líquido* ➠ *saldo líquido*
- **líquido de imposto** after tax | net of taxes

livro (s.m.) book | record
- **livro diário** journal
- **livro fiscal** tax record
- **livro razão** general ledger

 No Brasil, muitas vezes escrito, erroneamente, com maiúscula.

lote (s.) lot
- **lote de ações** lot of shares

lucrar em (v.) make a profit on | profit on

lucrativo (adj.) profitable

lucro (s.m.) profit | income

- **[com] lucro** at a profit
- **lucro acumulado** retained earnings | (earned) surplus

 Earned surplus é considerado antiquado.

- **lucro antes do imposto de renda e contribuição social sobre o lucro líquido** income before taxes
- **lucro de controlada** earnings of controlled company
- **lucro diferido** deferred income

 O termo da lei é ➡ *resultado de exercícios futuros.*

- **lucro entre empresas do mesmo grupo** intercompany profit
- **lucro escritural** accounting income | book income
- **lucro eventual** windfall profit | non-recurring profit

 Eventual e seu homólogo inglês significam coisas bem diferentes.

- **lucro extraordinário** non-recurrent income
- **lucro inflacionário** inflation income | paper income
- **lucro líquido** net income
- **lucro na alienação de imobilizado** profit on the disposal of fixed assets
- **lucro nos estoques** amount of profit in inventories
- **lucro ou prejuízo do exercício** profit or loss for the year
- **lucro por ação** earnings per share
- **lucro por ação do capital social em circulação** earnings per outstanding share
- **lucro real** (net) taxable income
- **lucro antes dos impostos** pre-tax income
- **lucro inflacionário** inflation income

L

M

maior (adj.) greater
• **[a] maior em** overstated by

manutenção (s.f.) maintenance
• **manutenção e reparos**
maintenance and repairs

mão-de-obra (s.f.) labor
• **mão-de-obra direta** direct labor
• **mão-de-obra indireta** indirect
labor
• **mão-de-obra não-produtiva**
non-productive labor
• **mão-de-obra produtiva**
productive labor

máquina (s.f.) machine
• **máquinas e equipamentos**
machinery and equipment

maquinismos (s.m.p.) machinery

marca (s.f.) mark
• **marca comercial** trade mark
• **marca registrada** registered
mark

margem (s.f.) margin
• **margem bruta** gross margin
• **margem de contribuição**
contribution margin
• **margem de lucro** profit margin

materiais de consumo (s.m.p.)
consumption materials
• **materiais diretos** direct
materials
• **materiais diversos**
miscellaneous materials | sundry
materials

material (s.m.) materials
• **material (adj.)** material

 Como adjetivo, no sentido de *importante*, é considerado anglicismo e está desaparecendo, mas ainda é comum, principalmente em linguagem coloquial. Formalmente ⇒ *relevante.*

• **material de acondicionamento ou embalagem** packaging
materials
• **material de construção**
building materials
• **material de manutenção**
maintenance materials

materialidade (s.f.) materiality

 Considerado anglicismo e desaparecendo, mas ainda é comum, principalmente em linguagem coloquial. Formalmente ⇒ *relevância.*

matéria-prima (s.f.) raw materials

matriz (s.f.) head office | parent
company

 Matriz é usado freqüentemente para se referir à empresa controladora no exterior. A rigor, esse uso somente é correto quando a empresa brasileira for uma ⇒ *filial,* o que é raro atualmente. Nesse caso, traduza por *parent company.*

meios (s.m.p.) means
• **meios de pagamento** means of
payment

melhoria (s.f.) improvement
• **melhorias em edificações**
building improvements
• **melhorias em propriedades
de terceiros** leasehold
improvements

membro (s.m.) member
• **membro do conselho** member
of the board of directors

memória (s.f.) memory
• **memória de cálculo** worksheet

menor (adj.) lower
• **[a] menor em** understated by
• **menor entre custo e
mercado** lower of cost or market

mercado (s.m.) market
• **[ao] mercado** at market

- **mercado acionário** stock market | equities market
- **mercado nacional** local market | domestic market | Brazilian market

 Mercado nacional, num relatório de uma empresa brasileira, pode ser melhor traduzido por *Brazilian market,* embora nem sempre as duas expressões indiquem a mesma coisa.

mercadoria (s.f.) merchandise

método (s.m.) method
- **método da equivalência patrimonial** equity method
- **[pelo] método da equivalência patrimonial** at equity
- **método da linha reta** straight-line method
- **método da soma dos dígitos dos anos** method of the sum of the years' digits
- **método das horas de trabalho** hours worked method
- **método das quotas constantes** straight-line method
- **método das unidades produzidas** production method
- **método de custo** cost method
- **método de depreciação** depreciation method

mobiliário (s.m.) furniture ⟿ *móveis*

moeda (s.f.) currency
- **moeda conversível** convertible currency
- **moeda de poder aquisitivo constante** constant currency
- **moeda de referência** reference currency
- **moeda de relatório** reporting currency
- **moeda estrangeira** foreign currency
- **moeda forte** hard currency
- **moeda funcional** functional currency
- **moeda local** local currency | domestic currency

- **moeda nacional** local currency | domestic currency | Brazilian currency

 Moeda nacional geralmente significa simplesmente *moeda brasileira.*

- **moeda não-conversível** non-convertible currency

montante (s.m.) amount ⟿ *valor*
- **montante bruto** gross amount
- **montante líquido** net amount

mora (s.f.) arrears
- **[em] mora** in arrears

móveis (s.m.p.) furniture
- **móveis e utensílios** furniture (and equipment)

 Tradicionalmente, *utensílios* é traduzido por *fixtures.* Entretanto, são coisas distintas: *fixtures* são ⟿ *instalações* (por exemplo, lustres) enquanto que *utensílios* são artigos móveis, por exemplo, máquinas de calcular.

movimentação (s.f.) movement
- **[de livre] movimentação** demand

movimentar (v.) move | operate
- **movimentar uma conta** operate a bank account

multa (s.f.) fine

município (s.m.) local government

 Municipality geralmente se entende como uma unidade urbana, enquanto que um *município* inclui também áreas rurais. Por isso, é preferível traduzir como *local* e suas variantes.

mutação (s.f.) change
- **mutações na posição financeira** changes in financial position
- **mutações patrimoniais** changes in shareholders' equity |

changes in stockholders' equity

 Porém ⟶ *demonstra-ção das mutações no patrimônio líquido* = *statement of shareholders' equity.*

mutuado (adj.) loaned | lent

mutuante (s.d.) lender

mutuar (v.) lend

mutuário (s.m.) borrower

mútuo (s.m.) loan (of fungible assets)

 Mútuo é um empréstimo de bens fungíveis, tais como dinheiro. Embora exista *mutuum* em inglês, traduza simplesmente por *loan,* que é o termo usual.

• **mútuo** (adj.) mutual

 As sociedades mútuas são mais raras no Brasil do que no mundo anglófono. O termo costuma aparecer só na expressão ⟶ *fundo mútuo.*

M

N

negativa de parecer (s.f.) report with disclaimer of opinion

 Este termo não é usado na NBC-T-11, norma oficial do IBRACON. ⇒ *parecer com abstenção de opinião*

negociado (adj.) traded
- **negociado em bolsa** listed in a stock exchange | traded in a stock exchange

negociar (v.) bargain | negotiate

negociável (adj.) negotiable

negócio (s.m.) business | affair

nota (s.f.) note
- **nota explicativa às demonstrações financeiras** note to financial statements | footnote to financial statements | explanatory note
- **nota promissória** (promissory) note

numerário (s.m.) cash
- **numerário em trânsito** cash in transit

O

obras (s.f.p.) building work in progress | construction in progress
• **obras preliminares e complementares** preliminary and complementary work

obrigação (s.f.) bond | liability | obligation

 (1) *Compramos obrigações do Tesouro como investimento. = We bought Treasury Bonds as an investment.* **(2)** *Temos uma obrigação pelas compras a crédito. = We have a liability for credit purchases.* **(3)** *Temos a obrigação de fornecer mercadorias de boa qualidade. = We have an obligation to supply quality goods.*

• **obrigação conversível** convertible bond
• **obrigação do tesouro** Treasury bond
• **obrigação garantida** secured obligation
• **obrigação não-conversível** non-convertible bond
• **[outras] obrigações** other liabilities

oferecer (v.) offer
• **oferecer ao público** offer to the public

oferta (s.f.) offer
• **oferta ao público** public offer
• **oferta inicial ao público** initial public offer | IPO
• **oferta pública inicial** initial public offer | IPO

oneroso (adj.) unprofitable | burdensome

ônus (s.m.) burden | lien | consideration
• **[com] ônus** for a consideration | for a charge

• **[sem] ônus** without consideration | without charge
• **ônus fiscal** tax burden
• **ônus sobre os bens** lien on assets

opção (s.f.) option

operação (s.f.) operation
• **[em] operação** operating | in service
• **operação a futuro** forward transaction
• **operação a termo** forward transaction
• **operação com futuros** futures transaction
• **operação defensiva** hedging transaction
• **[das] operações** from operations

opinião (s.f.) opinião
• **opinião com ressalva** qualified opinion | qualified report
• **opinião dos auditores independentes** opinion of the independent auditors

 O parecer do auditor é um documento que contém uma opinião. = The auditor's report is a document containing an opinion. O exemplo acima reflete nomenclatura usada pelo Instituto Brasileiro de Contadores (NBC-T-11) e pelo AICPA (SAS-2). Entretanto, nos Estados Unidos e no Brasil, os termos são usados sem muita precisão. ⟹ *parecer*

• **opinião negativa** disclaimer of opinion | negative opinion

 Caso extremamente perigoso, mas felizmente raro. Termo coloquial, não usado pela NBC-T-11 do IBRACON. Pode ser usado para significar ⟹ *parecer adverso* ou ⟹ *parecer com abstenção de opinião,* que são coisas totalmente diferentes.

- **opinião sem ressalva**
unqualified opinion | unqualified report

orçado (adj.) budgeted | estimated

orçamentário (adj.) budget | budgetary

orçamento (s.m.) budget | cost estimate

(1) *Pedimos um orçamento para a pintura.* = *We requested a cost estimate for the painting job.*
(2) *Nosso orçamento não prevê despesas de expansão.* = *Our budget does not contain a provision for expansion expense.*
(3) *O orçamento de 1999 estava estourado já em agosto.* = *As early as August we had overrun the 1999 budget.*

- **orçamento com base zero**
zero-based budget
- **orçamento de capital** capital budget
- **orçamento de horas** time estimate
- **orçamento de investimento**
investment budget
- **orçamento de vendas** sales budget

- **orçamento flexível** flexible budget
- **orçamento geral** master budget
- **orçamento variável** variable budget

ordem (s.f.) order
- **ordem de pagamento** money order
- **ordem de produção** job order
- **ordem de serviço** job order

ordenado (s.m.) pay | salary | wages

Nem sempre no Brasil se distingue entre *salários dos horistas* e *ordenados de mensalistas*. O inglês distingue entre *wages ("blue collar")* e *salaries ("white collar")*. Essa distinção raramente é clara no Brasil. *Pay* é o termo genérico.

origem (s.f.) source
- **origem de fundos** source of funds
- **origem de recursos** source of funds

originado de operações (adj.)
supplied from operations

44

P

pagamento (s.m.) payment | payday

Muitas vezes, forma truncada de ➠ *dia do pagamento.*

- **pagamento a maior** overpayment
- **pagamento a menor** underpayment
- **pagamento adiantado** advance payment
- **pagamento antecipado** advance payment
- **pagamento contra entrega** cash on delivery
- **pagamento em atraso** late payment
- **pagamento em dinheiro** cash payment
- **pagamento em mora** late payment
- **pagamento parcial** progress payment
- **pagamento por conta** payment on account

pagar (v.) pay
- **[a] pagar** unpaid | payable | accrued
- **pagar a maior** overpay
- **pagar a menor** underpay
- **pagar em bens** pay in kind
- **pagar em espécie** pay in cash

Termo extremamente perigoso. *Espécie* tecnicamente é sinônimo de dinheiro. Portanto, *pagar em espécie* significa *pagar em dinheiro.* Entretanto, é freqüente ver *em espécie* usado no sentido de *em bens que não dinheiro.* O problema se agrava porque *in kind,* a expressão inglesa homóloga, significa *em qualquer coisa que não seja dinheiro.*

pagável (adj.) payable

pago a maior (adj.) overpaid

pago a menor (adj.) underpaid

papéis de trabalho (s.m.p.) working papers

papel (s.m.) security | role | paper
- **papel da gerência** role of management
- **papel negociado em bolsa** listed security

parágrafo (s.m.) paragraph
- **parágrafo único** sole paragraph

Em inglês, sempre uma observação estranha, porque a norma nos países anglo-saxões é *não ter o um sem o dois.*

parcela (s.f.) installment | portion
- **parcela a curto prazo** current portion
- **parcela a curto prazo dos empréstimos e financiamentos a longo prazo** current portion of long-term loans
- **parcela a integralizar (do capital social)** unpaid portion (of subscribed capital)

parcelado (adj.) in installments

parcelar (v.) divide in installments

parecer (s.m.) report
- **parecer adverso** report with negative opinion
- **parecer com abstenção de opinião** disclaimer of opinion | report with disclaimer of opinion
- **parecer com negativa de opinião** disclaimer of opinion | negative opinion

Caso extremamente perigoso, mas felizmente raro. Termo coloquial, não usado pela NBC-T-11 do IBRACON. Pode ser usado para significar ➠ *parecer adverso* ou ➠ *parecer com abstenção*

de opinião, que são coisas totalmente diferentes.
* **parecer com negativa de
opinião** report with disclaimer of
opinion
* **parecer com ressalva**
qualified opinion | qualified report
* **parecer dos auditores
independentes** report of the
independent auditors

 *O parecer do auditor é
um documento que con-
tém uma opinião. = The
auditor's report is a
document containing an opinion.*
O exemplo acima reflete a nomenclatura usada pelo Instituto
Brasileiro de Contadores (NBC-
T-11) e pelo AICPA (SAS-2). Entretanto, nos Estados Unidos e no
Brasil, os termos são usados sem
muita precisão. ➠ *opinião*
* **parecer qualificado** report with
qualified opinion

 Coloquialismo conside-
rado anglicismo. A NBC-
T-11, norma oficial do
IBRACON sobre o assunto, fala em
➠ *parecer com ressalva.*
* **parecer sem ressalva**
unqualified opinion | unqualified
report

parte (s.f.) part | party

 (1) *Parte do empréstimo
já foi amortizada. = Part
of the loan has already
been repaid.* **(2)** *Nossa empresa é
parte na ação. = Our company is a
party to the suit.*
* **parte vinculada** related party
* **partes beneficiárias** founder's
shares

 Não é algo conhecido
em inglês, por isso a tradução é meramente
aproximada.

participação (s.f.) interest | share
* **participação acionária** (share)
interest
* **participação cruzada** cross-
interest
* **participação de acionistas
minoritários** minority interests
* **participação de
debenturistas** interest of
debentureholders
* **participação majoritária**
majority interest
* **participação minoritária**
minority interest
* **participação nos lucros** profit
shares
* **participação nos resultados
de coligadas e controladas**
equity in the income (loss) of
associated and controlled
companies
* **participação permanente**
permanent interest
* **participação permanente em
outras sociedades** shares in
other companies
* **participação recíproca** cross-
interest

participar nos lucros (v.) share in
the profits

passivo (s.m.) liabilities
* **passivo a descoberto** excess
of liabilities over assets
* **passivo circulante** current
liabilities
* **passivo contingente**
contingent liabilities
* **passivo exigível** liabilities

 Nome antigo que com-
binava os atuais ➠ *pas-
sivo circulante* e ➠ *passivo exigível a longo prazo.*
* **passivo exigível a curto
prazo** current liabilities

 Nome antigo do ➠ *pas-
sivo circulante.*
* **passivo exigível a longo
prazo** long-term liabilities

- **passivo financeiro** financial liabilities
- **passivo oculto** hidden liability
- **passivo pendente** deferred income

 Nome antigo de ➠ *resultados de exercícios futuros.*

patente (s.f.) patent

patrimonial (adj.) balance sheet

patrimônio (s.m.) assets | net assets
- **patrimônio líquido** shareholders' equity | stockholders' equity | net worth | net assets

 Shareholders' equity e *stockholders' equity* são sinônimos e se aplicam aos patrimônios de empresas. *Net worth*, quando aplicado ao patrimônio de uma empresa, é *coloquial* ou *antiquado*. *Net worth* e *net assets* aplicam-se ao patrimônio de fundos de investimentos, entidades sem fins lucrativos ou de pessoas jurídicas que, a rigor, não tenham *proprietários*. *Net worth* e *net assets* aplicam-se ao patrimônio de pessoas físicas.
- **patrimônio líquido negativo** negative shareholders' equity | negative stockholders' equity | negative net worth

 Entretanto a frase padrão *...seu patrimônio líquido é negativo...* = *...the Company's liabilities exceed its assets...*

peça (s.f.) part
- **peça de reposição** replacement part

pedido (s.m.) order
- **pedidos em carteira** unfilled orders

pedir concordata (v.) petition for a court-supervised agreement with creditors

pendente (s.m.) prepaid expenses and deferred charges

 Forma truncada de ➠ *ativo pendente.*

penhor (s.m.) pledge | collateral

penhora (s.f.) attachment

penhorar (v.) attach ➠ *dar em penhor*

PEPS FIFO

 Acrônimo para ➠ *primeiro a entrar, primeiro a sair.*

perda (s.f.) loss
- **perda de capital** capital loss
- **perda efetiva** actual loss
- **perda eventual** non-recurring loss
- **perda extraordinária** non-recurrent loss
- **perda na realização** realization loss
- **perda potencial** potential loss
- **perdas eventuais** non-recurring losses

 Eventual e seu homólogo inglês significam coisas bem diferentes.

período (s.m.) period
- **período corrente** current period

pesquisa (s.f.) research
- **pesquisa e desenvolvimento** research and development

pesquisar (v.) research

pessoa (s.f.) person
- **pessoa física** individual
- **pessoa jurídica** corporation | legal entity

P

47

PL shareholders' equity | stockholders' equity

 Abreviatura de ➠ *patrimônio líquido.*

planilha (s.f.) worksheet

plano de contas (s.m.) chart of accounts

política (s.f.) policy
• **política aduaneira** customs policy
• **política contábil** accounting policy
• **política fiscal** tax policy
• **política monetária** monetary policy

posição (s.f.) position
• **posição ativa** net asset balance | net receivables balance
• **posição financeira** financial position
• **posição líquida** net position
• **posição passiva** net liabilities balance | net payables balance
• **posição patrimonial e financeira** financial position

posse (s.f.) possession

posseiro (s.m.) squatter

possuidor (s.m.) possessor | owner

 Embora *propriedade* e posse sejam conceitos diferentes, *possuidor* muitas vezes é usado como sinônimo de *proprietário.*

possuir (v.) own

postergado (adj.) deferred

postergar (v.) defer

prática (s.f.) practice
• **prática aceita** accepted practice
• **prática comercial** business practice
• **prática contábil** accounting practice

praxe (s.f.) practice
• **praxe aceita** accepted practice
• **praxe comercial** business practice
• **praxe contábil** accounting practice

prazo (s.m.) term
• **[a] prazo** on credit
• **[curto] prazo** short term
• **[longo] prazo** long term
• **[médio] prazo** medium term

preço (s.m.) price
• **preço congelado** frozen price
• **preço de lista** list price
• **preço de mercado** market price
• **preço de tabela** government-controlled price
• **preço de transferência** transfer price
• **preço de venda** sales price | selling price
• **preço justo** fair price
• **preço para o consumidor** consumer price
• **preço pretendido** target price
• **preço tabelado** controlled price
• **preço unitário** unit price

prejuízo (s.m.) loss
• **[com] prejuízo** at a loss
• **prejuízo acumulado** accumulated loss
• **prejuízo líquido** net loss
• **prejuízo operacional** operating loss

prêmio (s.m.) premium
• **[a] prêmio** at a premium
• **prêmio a amortizar** unamortized premium
• **prêmio de resgate** redemption premium
• **prêmio de seguro** insurance premium

presidente do conselho de administração (s.d.) chair of the board

 Chair é a forma preferida por não ser considerada sexista.

prestação (s.f.) installment

primeiro (adj.) first
- **primeiro a entrar, primeiro a sair** first in, first out

principal (s.m.) principal

princípio (s.m.) principle
- **princípio contábil geralmente aceito** generally accepted accounting principle | GAAP

 Forma antiga, mas muito freqüente, de ➠ *princípio fundamental de contabilidade*. Em inglês muito freqüentemente usado na forma abreviada *GAAP*.
- **princípio da continuidade (empresarial)** principle of the entity as a going concern
- **princípio da entidade** entity principle
- **princípio fundamental de contabilidade** generally accepted accounting principle | GAAP

 Em inglês muito freqüentemente usado na forma abreviada *GAAP*.

pró-labore (s.m.) management compensation | executive salary

procedimento (s.m.) procedure
- **procedimento contábil** accounting procedure

processo (s.m.) process
- **processo de produção** production process
- **processo produtivo** production process

produção (s.f.) production
- **produção em massa** mass production
- **produção em processo** production in process

produtivo (adj.) productive | production

produto (s.m.) product | proceeds | goods

- **produto da operação** proceeds from the transaction
- **produto da venda de** proceeds from the sale of
- **produto final** end-product
- **Produto Interno Bruto** Gross Domestic Product
- **Produto Nacional Bruto** Gross National Product
- **produtos acabados** finished goods | finished products
- **produtos em trânsito** products in transit

produzir (v.) produce

projeção (s.m.) projection
- **projeção de despesas** expense projection
- **projeção de fluxo de caixa** cash flow projection
- **projeção de resultado** income projections

projetar (v.) project
- **projetar despesas** project expenses
- **projetar fluxo de caixa** project cash flow
- **projetar lucros** project profits
- **projetar prejuízos** project losses

promissória (s.f.) (promissory) note

 Forma truncada de ➠ *nota promissória*.

propaganda (s.f.) advertising

 Como *propaganda* tem, para alguns, um sentido pejorativo, o termo muitas vezes é substituído por *publicidade*. Entretanto, na maioria dos balanços, *propaganda* se refere meramente ao que tem objetivos comerciais e *publicidade* à publicação de comunicados exigidos por lei. *Propaganda,* no sentido em que a palavra tem em inglês, não cabe no contexto contábil.

P

propriedade (s.f.) property | ownership

(1) *A propriedade foi vendida por... = The property was sold for...*
(2) *A propriedade confere certos direitos. = Ownership confers certain rights.*

proprietário (s.m.) proprietor

próprio (adj.) own

provisão (s.f.) allowance | provision

Reserva e provisão são conceitos diferentes, mas às vezes confundidos na prática.

- **provisão integral** full provision
- **provisão para 13º salário** provision for 13th month pay

O 13º salário nasceu de uma bonificação de Natal, mas agora perdeu totalmente essa característica. ⇒ *salário*

- **provisão para contingências** provision for contingent liabilities
- **provisão para créditos de liquidação duvidosa** allowance for doubtful debtors
- **provisão para devedores duvidosos** allowance for doubtful debtors
- **provisão para dividendos propostos** provision for dividends
- **provisão para férias** provision for vacation pay
- **provisão para gratificações e participações - administradores** provision for administrators bonuses and profit shares
- **provisão para gratificações e participações - empregados** provision for employee bonuses and profit shares

- **provisão para ICMS nos estoques** provision for ICMS tax included in inventories
- **provisão para imposto de renda** provision for income tax
- **provisão para imposto de renda diferido** provision for deferred income tax
- **provisão para passivos contingentes** provision for contingent liabilities
- **provisão para perdas** provision for losses
- **provisão para perdas em investimentos** provision for investment losses
- **provisão para redução ao valor de mercado** provision for reduction to market
- **provisão para riscos fiscais** provision for tax contingencies

provisionar (v.) provide
- **provisionar integralmente** provide in full

publicidade (s.f.) advertising | publicity

Como *propaganda* tem, para alguns, um sentido pejorativo, o termo muitas vezes é subsituído por *publicidade*. Entretanto, na maioria dos balanços, *propaganda* se refere ao que tem objetivos comerciais e *publicidade* à publicação de comunicados exigidos por lei. *Propaganda* no sentido em que a palavra tem inglês, não cabe no contexto contábil.

Q

qualificação (s.f.) qualification |
personal data | identification |

 Em contratos, geral-
mente significa a iden-
tificação completa de
alguém, caso em que é *personal
data* ou *identification.* Pode ser
também as *qualificações profissionais,* caso em que é *personal
qualifications.* Também se usa
como sinônimo de ⟹ *ressalva,*
quando é considerado anglicismo
e se traduz por *qualification.*

qualificado (adj.) eligible | qualified

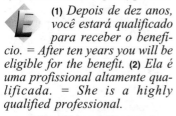 **(1)** *Depois de dez anos,
você estará qualificado
para receber o benefí-
cio.* = *After ten years you will be
eligible for the benefit.* **(2)** *Ela é
uma profissional altamente qua-
lificada.* = *She is a highly
qualified professional.*

• **qualificações profissionais**
professional qualifications

quirografário (adj.) unsecured

quociente (s.m.) ratio

 Alguns especialistas
preferem ⟹ *índice.*

• **quociente de
endividamento (s.m.)**
indebtedness ratio

quota (s.f.) interest | share
• **quota em fundo mútuo** share
in mutual fund
• **quota em Ltda.** share of interest
in a *Ltda.*

 É muito comum tradu-
zir *quota,* neste sentido,
por *quota* mesmo, mas
a palavra, embora existente, não
tem este sentido em inglês. O tipo
de sociedade mais semelhante à
nossa *Limitada* é a *Limited
Liability Company* – que tem
interests.
• **quotas constantes** straight line

quotista (s.d.) member

 Forma truncada de ⟹
sócio quotista. O termo
quotaholder não existe
em inglês. *Member* é o nome dado
a quem tem participação numa
Limited Liability Company.

R

ratear (v.) prorate | apportion

rateio (s.m.) proration | apportionment

razão (s.f.) general ledger

 Forma truncada de ➠ *livro razão*. No Brasil, muitas vezes escrito, erroneamente, com maiúscula.

• **razão analítico** subsidiary ledger

 Um livro-razão que mostra detalhes de um determinado grupo de contas. *Razão analítico de contas a receber = (subsidiary) receivables ledger.*

• **razão sintético** controlling ledger
• **razão social** (company) name
• **razão subsidiário** subsidiary ledger

 Considerado anglicismo. ➠ *razão analítico*

reajuste (s.m.) new adjustment | adjustment for inflation | increase | raise

 Geralmente, um eufemismo para *aumento de preços: Nossos preços foram reajustados em 10% . = Our prices were raised by ten percent.*

real (s.m.) real

 Há discussão quanto ao plural apropriado em inglês, mas as fontes nativas estão adotando *reais* mesmo. *Em milhares de reais = in thousands of (Brazilian) reais.*

realização (s.f.) realization
• **realização da receita** realization of income

realizado (adj.) realized ➠ comentário em *realizar*
• **[não-] realizado** unrealized

realizar (v.) realize

 Realizar significa transformar em dinheiro.

• **[a] realizar** unrealized

realizável (s.m.) receivable | asset

 Forma truncada de ➠ *ativo realizável*. Nos balanços mais antigos, *realizável* se opunha a *disponível*. O termo ainda é muito comum e difícil de traduzir, porque o inglês não tem o mesmo par simétrico. *Demonstrado no realizável. = Shown as an asset.*

reavaliação (s.f.) revaluation

reavaliar (v.) revaluate

receber (v.) receive | collect
• **[a] receber** receivable
• **receber antecipadamente** receive in advance | collect in advance.

recebido (adj.) received
• **recebido antecipadamente** received in advance

recebimento (s.m.) collection
• **recebimento antecipado** advance collection
• **recebimento de materiais** materials receiving

receita (s.f.) income | revenue
• **receita bruta de vendas e serviços** gross sales
• **receita de vendas** sales | sales income

- **Receita Federal** Federal Revenue Service

 Forma truncada de ➠ *Secretaria da Receita Federal.*

- **receita financeira** financial income
- **receita não realizada** unrealized income
- **receita não-operacional** nonoperating revenues
- **receita operacional** operating income
- **receita de serviços** service income
- **receitas e despesas que não afetam o capital circulante líquido** items that do not affect working capital

recibo (s.m.) receipt

recolher (v.) deposit, pay a tax
- **[a] recolher** accrued

 O tributo é *a recolher* quando já ➠ *devido* mas ainda não ➠ *vencido.*

reconhecer (v.) recognize

recuperação (s.f.) recovery | recuperation
- **recuperação de custos** recovery of costs
- **recuperação de mercadorias roubadas** recovery of stolen goods
- **recuperação de peças** recuperation of parts

recuperar (v.) recover | recuperate
- **recuperar custos** recover costs
- **recuperar mercadorias roubadas** recover stolen goods
- **recuperar peças** recuperate parts

recurso (s.m.) resource | appeal

 Resource é financeiro, *appeal* é judicial.

- **recursos de terceiros** third-party resources

- **recursos próprios** own resources

rédito (s.m.) income

redução (s.f.) reduction
- **redução de capital** capital reduction
- **redução do imposto** tax reduction
- **redução no realizável a longo prazo** decrease in long-term receivables
- **reduzir capital** reduce capital

refeitório (s.m.) cafeteria

refinanciamento (s.m.) rescheduling of a loan

refinanciar (v.) reschedule a loan

reflorestamento (s.m.) reforestation

regime (s.m.) hasis
- **regime de caixa** cash basis

 Procedimento de registrar receitas e despesas somente quando realizadas. ➠ *regime de competência*

- **regime de competência (de exercícios)** accrual basis

 Procedimento de registrar receitas e despesas quando geradas. ➠ *regime de caixa*

registrar (v.) record | book

registro (s.m.) record | book
- **registro contábil** accounting record | accounting book
- **registro exigido por lei** statutory record | statutory book
- **registro individual de bens (do imobilizado)** individual asset record

relatório (s.m.) report
- **relatório anual** annual report
- **relatório da diretoria** message from the president
- **relatório de avaliação** appraisal report

R

53

- **relatório dos auditores**
  auditors' report ➟ *parecer dos auditores independentes*
- **relatório financeiro** financial report
- **relatório gerencial** managerial report

relevância (s.f.) materiality

relevante (adj.) material

remessa (s.f.) remittance
- **remessa de dividendos** dividend remittance
- **remessa de lucros** profit remittance
- **remessa em trânsito** remittance in transit

remunerado (adj.) interest-bearing
- **[não-] remunerado** non-interest bearing | interest-free

renda (s.f.) income
- **renda fixa** fixed income
- **renda operacional bruta** gross operating income
- **renda operacional líquida** net operating income
- **renda variável** variable income

rendimento (s.m.) income | yield
- **rendimento de investimento** investment income

rentabilidade (s.f.) profitability | yield
- **rentabilidade futura** future profitability

rentável (adj.) profitable

R

repactuar (v.) reset
- **repactuar taxas** reset rates

reparos (s.m.p.) repairs

repatriação (s.f.) repatriation
- **repatriação de capital** capital repatriation

repor (v.) replace

reposição (s.f.) replacement

reserva (s.f.) reserve

Reserva e ➟ *provisão* são conceitos diferentes, mas às vezes confundidos na prática.

- **reserva de capital** capital reserve
- **reserva de lucros** surplus reserve
- **reserva de lucros a realizar** unrealized income reserve
- **reserva de reavaliação** revaluation reserve
- **reserva estatutária** reserve required under the Company's articles of incorporation | reserve required under the Company's charter
- **reserva legal** legal reserve
- **reserva para aumento de capital** reserve for capitalization
- **reserva para contingências** contingency reserve
- **reserva para dividendo obrigatório** minimum dividend reserve | mandatory dividend reserve
- **reservas de controladas** reserves held by controlled companies

resgatar (v.) redeem

resgate (s.m.) redemption

residência (s.f.) residence

residente (s.d.) resident
- **residente** (adj.) resident
- **[não-] residente** non-resident

responsabilidade (s.f.) liability | responsibility | accountability
- **responsabilidade civil** civil liability

responsável (adj.) **[por]** responsible for | in charge of | accountable for | liable for

(1) *Ele é responsável pela contabilidade.* = *He is responsible for accounting.* | ...*the*

accounting department. **(2)** *Ele foi responsabilizado pelo prejuízo.* = *He was held responsible for the losses.* | *He was held accountable for the losses.*

ressalva **(s.m.)** qualification

resultado **(s.m.)** income | profit | income or loss

Resultado significa *lucro ou perda.* Quando se tem certeza de que se trata de um *lucro,* pode-se traduzir simplesmente por *income* ou *profit.*

- **resultado a realizar** unrealized income or loss
- **resultado financeiro** financial income
- **resultado operacional** financial income
- **resultados de exercícios futuros** deferred income
- **resultados eventuais** windfall income or losses | non-recurring income or losses

Eventual e seu homólogo inglês significam coisas bem diferentes.

reter **(v.)** withhold
- **reter na fonte** withhold at source

retificação **(s.f.)** correction | rectification

retificar **(v.)** correct | rectify

retirada **(s.f.)** withdrawal

retirar **(v.)** withdraw | retire
- **retirar dinheiro** withdraw money
- **retirar do ativo imobilizado** retire a fixed asset
- **retirar-se da firma** withdraw from the firm

retorno **(s.m.)** return
- **retorno do capital** capital repatriation ➠ *retorno sobre o capital*
- **retorno sobre as vendas** return on sales
- **retorno sobre o capital** return on capital ➠ *retorno do capital*

revenda **(s.f.)** resale

revendedor **(v.)** dealer

revender **(v.)** resell

reversão **(s.f.)** reversal

reverter **(v.)** reverse

risco **(s.m.)** risk
- **[em] risco** at risk

rotatividade **(s.f.)** turnover
- **rotatividade de estoques** inventory turnover
- **rotatividade de mão-de-obra** labor turnover

R

S

sacar (v.) draw | withdraw
- **sacar a descoberto** overdraw
- **sacar dinheiro** withdraw money
- **sacar um cheque** draw a check
- **sacar uma letra** draw a bill

saída (s.f.) exit | out | issued

 Saída de incêndio = fire exit. Porém, num formulário, indicando, por exemplo, materiais recebidos, é *out* ou *issued.*

salário (s.m.) pay | wages | salary

 Nem sempre no Brasil de distingue entre *salários dos horistas* e *ordenados de mensalistas.* O inglês distingue entre *wages ("blue collar")* e *salaries ("white collar"). Pay* é o termo genérico.
- **salário mínimo** minimum wage

 É comum encontrar *minimum salary,* mas não é uma boa solução, porque *salary* é de mensalistas.
- **salários e ordenados** payroll
- **salários e ordenados a pagar** accrued payroll

saldo (s.m.) balance
- **saldo a pagar** unpaid balance
- **saldo consolidado** consolidated balance
- **saldo credor** credit balance
- **saldo de abertura** opening balance
- **saldo de encerramento** closing balance
- **saldo devedor** debit balance
- **saldo em conta** account balance
- **saldo em moeda estrangeira** foreign-currency balance
- **saldo em moeda local** local-currency balance | domestic currency balance

- **saldo em moeda nacional** balance in Brazilian currency
- **saldo final** ending balance
- **saldo inicial** beginning balance
- **saldo intercompanhias** intercompany balances
- **saldo líquido** net balance
- **saldo médio** average balance
- **saldo negativo** negative balance
- **saldo no encerramento do exercício** balance at the end of the year | ending balance
- **saldo no final do exercício** balance at the end of the year | ending balance
- **saldo no início do exercício** balance at the beginning of the year | beginning balance
- **saldo vinculado** restricted balance

saque (s.m.) draft | withdrawal
- **saque a descoberto** overdraft
- **saque a vista** sight draft
- **saque de exportação** export draft
- **saque de exportação descontado** discounted export draft

secretaria (s.f.) department | office | bureau | state department | secretariat

 Secretariat não é um termo comum em inglês e tem um sabor algo exótico.
- **Secretaria da Fazenda** State Department of Finance
- **Secretaria da Receita Federal** Federal Revenue Service

 A Secretaria da Receita Federal também é responsável pela alfândega, ao contrário do que acontece em vários outros países, em que as rendas internas e alfandegárias são separadas.

seguro (s.m.) insurance

semestre (s.m.) half

Durante o primeiro se-mestre, os lucros totali-zaram... = First-half earnings totaled... Semester exis-te, mas é semestre letivo.

semovente (s.m.) livestock

serviço (s.m.) service

setor (s.m.) industry | sector
- **setor bancário** banking industry
- **setor de serviços** service industry
- **setor industrial** manufacturing industry

sinal (s.m.) sign | earnest money

sistema (s.m.) system
- **sistemas e métodos** organization and methods

sistemática (s.f.) system | mechanics | method
- **sistemática de apuração** method of computing

situação (s.f.) situation | condition
- **situação do prédio** situation of the building
- **situação financeira** financial condition

sociedade (s.f.) company

Company é o termo mais genérico para qual-quer tipo de negócio em inglês. *Sociedade é* informalmen-te usado como sinônimo de ➠ *empresa.*
- **sociedade anônima** (business) corporation
- **sociedade coligada** associated company
- **sociedade controlada** controlled company
- **sociedade controladora** controlling company
- **sociedade de economia mista** government-controlled corporation

- **sociedade de participação** holding company
- **sociedade em comandita** special partnership | limited partnership
- **sociedade em conta de participação** silent partnership | secret partnership

Esta figura é totalmen-te diferente da *joint-venture.*

- **sociedade em nome coletivo** (general) partnership
- **sociedade por ações** (business) corporation
- **sociedade por quotas de responsabilidade limitada** limited liability company

societário (adj.) corporate

sócio (s.m.) partner
- **sócio comanditado** general partner
- **sócio comanditário** limited partner
- **sócio majoritário** majority partner
- **sócio minoritário** minority partner
- **sócio oculto** secret partner
- **sócio ostensivo** ostensible partner
- **sócio quotista** member

É muito comum tradu-zir *quotista* por *quo-taholder,* mas esta pa-lavra não existe em inglês. O tipo de sociedade mais semelhante à nossa *Limitada* é a *Limited Liability Company* – que tem *members.*

solvência (s.f.) solvency

solvente (adj.) solvent

soma dos dígitos dos anos (s.f.) sum of the years' digits

SRF Federal Revenue Service

S

A Secretaria da Receita Federal também é responsável pela alfândega, ao contrário do que acontece em vários outros países, em que as rendas internas e alfandegárias são separadas.

subconta (s.f.) subaccount

subscrever (v.) subscribe

subscrição (s.f.) subscription

subscritor (v.) subscriber
• **subscritor residual** underwriter

subsidiária (s.f.) subsidiary (company)

subtotal (s.m.) subtotal

subvenção (s.f.) subvention | grant

sucata (s.f.) scrap

sucatear (v.) scrap

sumário (s.m.) summary
• **sumário das principais práticas contábeis** summary of principal accounting practices

superávit (s.m.) surplus

superavitário (adj.) profitable | showing a surplus | superavit

suprimento (s.m.) supply

swap (s.m.) swap
• **swap cambial** currency swap
• **swap de juros** interest rate swap

S

T

tangível (adj.) tangible

taxa (s.f.) rate | fee | charge
• **taxa a termo** forward rate
• **taxa a vista** spot rate
• **taxa de câmbio** (foreign) exchange rate
• **taxa de depreciação** rate of depreciation
• **taxa de permanência** banking charge
• **taxa de retorno** rate of return
• **taxa de serviço** service charge
• **taxa fixa** fixed rate
• **taxa flutuante** floating rate
• **taxa oficial** official rate | legal rate
• **taxa variável** variable rate

técnica (s.f.) technique
• **técnica** (adj.) technical

técnico (s.m.) technician
• **técnico em contabilidade** bookkeeper

 Legalmente, aplica-se aos que tenham concluído curso de contabilidade em nível médio. ➠ *contador*

termo (s.m.) time period
• **[a] termo** forward

terreno (s.m.) land

tesouraria (s.f.) treasury

titular (s.d.) holder
• **titular de boa fé** holder in good faith

título (s.m.) security

 Termo genérico.

• **título a receber** note receivable
• **título de crédito** negotiable instrument | commercial paper

 Commercial paper é o nome usado no *Uniform Commercial Code.*

• **título de participação** equity security

 Num balanço, significa as *ações* porque conferem a seus titulares uma ➠ *participação* no ➠ *capital social* da ➠ *empresa.*
• **[a] título gratuito** free | for free | non-interest bearing
• **[a] título oneroso** for a consideration | interest-bearing
• **título negociado em bolsa** listed security
• **título vinculado ao mercado aberto** marketable security

tomar (v.) take
• **tomar emprestado** borrow

total (s.m.) total

tradução (s.f.) translation
• **tradução em moeda estrangeira** foreign currency translation

 Tradução de moeda estrangeira é o processo de expressar um valor em uma moeda diferente daquela em que foi originalmente denominado. ➠ *conversão de moeda estrangeira*

transação (s.f.) transaction
• **transação com independência** arm's length transaction
• **transação com parte relacionada** transaction with related party
• **transação com parte vinculada** transaction with related party
• **transação comercial** business transaction

transação

- **transação entre empresas do mesmo grupo** intragroup transaction | intercompany transaction
- **transação intercompanhias** intercompany transaction
- **transação intragrupo** intragroup transaction
- **transação não-operacional** non-operating transaction

transferência (s.f.) transfer

 Transference existe, mas é um termo técnico de psicologia e psiquiatria e não faz parte da linguagem empresarial.

- **transferência do realizável a longo prazo para o ativo circulante** long-term assets transferred to current

transferir (v.) transfer

trânsito (s.m.) transit
- **[em] trânsito** in transit

tributário (adj.) tax

tributo (s.) tax

 Termo genérico que inclui ⟶ *impostos,* ⟶ *taxas* e ⟶ *contribuições,* uma taxonomia desconhecida no mundo anglo-saxão e, portanto, difícil de refletir numa tradução. Como todo *imposto* é um tributo,

muitas vezes aparece o termo genérico, onde poderia ter sido usado o específico. Por isso, ⟶ *impostos a recuperar* pode aparecer como ⟶ *tributos a recuperar.*
- **tributo a pagar** tax payable
- **tributo a recuperar** ICMS and IPI tax credits

 Tanto IPI como ICMS são impostos do tipo de valor agregado e, por isso, a empresa registra nessa conta os valores desses impostos pagos pelos seus fornecedores.
- **tributo diferido** deferred tax
- **tributo direto** direct tax
- **tributo indireto** indirect tax
- **tributo não-cumulativo** value-added tax
- **tributos sobre a renda** income taxes

 Termo genérico que inclui o ⟶ *imposto sobre a renda* e a ⟶ *Contribuição Social sobre o Lucro Líquido,* a qual não é um imposto.

trimestre (s.m.) quarter

U

U.F. state or Federal District

 Abreviação de ➟ *Unidade da Federação.*

UEPS LIFO

 Acrônimo para ➟ *último a entrar, primeiro a sair.*

último (adj.) last
• **último a entrar, primeiro a sair** last in, first out

unidade (s.f.) unit
• **unidade da federação** state or Federal District

 Termo geral que inclui *estados* e o *Distrito Federal.*

• **unidade de negócios** business unit

uniforme (adj.) [com] consistent with

uniformidade (s.f.) consistency

unitário (adj.) unit

utensílio (s.m.) equipment

utilidade (s.f.) utility

 Geralmente considerado anglicismo no sentido de água, luz, eletricidade, vapor e semelhantes, porém comum.

V

valia (s.f.) value
• **[mais-] valia** value added

valor (s.m.) amount | value

 (1) *O valor do cheque. = The amount of the check.* **(2)** *O valor em discussão. = The amount at issue.* **(3)** *O valor de uma onça de ouro. = The value of an ounce of gold.*
• **valor agregado** value added
• **valor bruto** gross value | gross amount

 (1) *O valor bruto da casa é... = The gross value of the house is...* **(2)** *O valor bruto a pagar é... = The net amount payable is...*
• **valor conceitual** notional value
• **valor contábil** book value
• **valor de equivalência patrimonial** equity value
• **valor de mercado** market value
• **valor de reposição** replacement value
• **valor de resgate** redemption value
• **valor em mora** arrears | amount in arrears
• **valor escritural** book value
• **valor estimado** estimated value
• **valor histórico** historical value
• **valor irrelevante** immaterial value | immaterial amount
• **valor líquido** net value | net amount

 (1) *O valor da casa líquido de depreciação é... = The value of the house, net of depreciation is...* **(2)** *O valor líquido a pagar é... = The net amount payable is...*
• **valor líquido contábil** net book value | net accounting value
• **valor líquido de realização** net realization value

• **valor nominal** face value
• **valor orçado** estimated amount | budgeted amount ⟹ *orçamento*
• **valor patrimonial** equity value
• **valor presente** present value
• **valor relevante** material value | material amount
• **valor residual** residual book value

valorizar (v.) value | appreciate

 Palavra muito perigosa, porque a maioria dos contadores brasileiros usa *valorizar* onde deveria usar *avaliar*. ⟹ *valorizar estoques*
• **valorizar estoques** value inventories

 Tanto a Lei das S. A. quanto os livros mais cuidadosos falam em *avaliação de estoques,* ao passo que a maioria dos contadores fala em *valorização de estoques.* Esse uso representa uma armadilha para o tradutor, porque, na linguagem usual, *valorização* somente se usa quando há *aumento de valor.* Entretanto, aqui estamos falando de *atribuição de valor.* Por isso, a tradução correta é *inventory valuation.* Em raros casos, os nossos contadores usam *valorizar* no sentido de *aumentar de valor.*

varejista (s.d.) retailer | retail merchant
• **varejista (adj.)** retail

varejo (s.m.) retail

variação (s.f.) variance | gain/loss | change
• **variação cambial** exchange gains or losses
• **variação monetária** inflation and exchange gains or losses on monetary items

- **variação no capital circulante líquido** change in working capital

veículos (s.m.p.) vehicles | transportation equipment

vencer (v.) come due
- **[a] vencer em** come due on | mature on
- **vencer juros** bear interest

vencido (adj.) **[em]** (over) due

vencimento (s.m.) due date | maturity

 Forma truncada de ➡ *data de vencimento.*

- **[no] vencimento** when due | on maturity

vencível (adj.) **[em]** coming due on

venda (s.f.) sale
- **venda a coberto** long sale
- **venda a crédito** credit sale
- **venda a descoberto** short sale
- **venda a prazo** credit sale
- **venda a vista** cash sale
- **venda de produtos** goods sales
- **venda de serviços** services provided | service sales

 Nem todos aceitam *service sales* como boa linguagem.

- **venda devolvida** returned sale
- **venda em prestações** installment sale

vendedor (s.m.) salesperson

vender (v.) sell
- **vender a crédito** sell on credit
- **vender a prazo** sell on credit
- **vender a vista** sell (for) cash
- **vender em prestações** sell on credit

vendido (adj.) sold out | short

vida (s.f.) life
- **vida útil** service life

vigente (adj.) in force

vigor (s.m.) force
- **[em] vigor** in force

vincendo (adj.) not yet due
- **vincendo em** due on

V

Z

---

zona (s.f.) zone
- **zona franca** free-trade area
- **zona franca de Manaus**
  Manaus free-trade area
- **zona livre de impostos** duty-free area